Ghazi Abdel-Qadir
Mountainbike & Mozartkugeln

Ghazi Abdel-Qadir

# Mountainbike & Mozartkugeln

Mit Illustrationen von
Charlotte Panowsky

Erika Klopp Verlag

Die Deutsche Bibliothek – CIP-Einheitsaufnahme
**Abdel-Qadir, Ghazi:**
Mountainbike & Mozartkugeln / Ghazi Abdel-Qadir. Mit Ill.
von Charlotte Panowsky. – 1. Aufl. – München : Klopp, 1997
    ISBN 3-7817-0110-7

Gesetzt nach den neuen Rechtschreibregeln

© 1997 Erika Klopp Verlag GmbH, München
Alle Rechte vorbehalten
Einbandillustration: Charlotte Panowsky
Satz: Utesch Satztechnik, Hamburg
Druck und Bindung: Ebner Ulm
Printed in Germany
Auflagenkennzeichnung (letzte Ziffern maßgebend):
Auflage:  3    2    1
Jahr: 1999  98  97

## Inhalt

## Oma mischt sich ein

»Nein, nein und nochmals nein!«, brülle ich.

»Aber warum denn nicht, Kind?«, fragt Oma.

»Weil es mein Geburtstag ist«, entgegne ich.
»Und da lade ich ein, wen ich will. Ich mische mich ja auch nicht in deine Feiern ein.«

Oma geht stumm in ihr Zimmer und schließt betont sorgfältig die Tür hinter sich.

Mama sieht mich strafend an und folgt ihr.

Ich presse mein Ohr an die Tür.

»Wenn Katja sich etwas in den Kopf gesetzt hat, kann nichts und niemand sie umstimmen«, höre ich Oma klagen. »Was hat sie nur gegen das Mädchen? Ich verstehe das nicht. Immer wenn ich bei den Khalkhalis zu Besuch bin ist Kisma so freundlich und nett. Und auch sonst hat sie sehr gute Manieren. Neulich nachmittags stieg ich mit drei Einkaufstüten beladen in den proppenvollen Bus. Es saßen viele Kinder und Jugendliche darin. Stell dir vor, keiner von ihnen hat mir seinen Sitzplatz angeboten.«

Immer das alte Lied, stöhne ich innerlich. Omas Lieblingsthema ist die mangelnde Höflichkeit der heutigen Jugend.

»Und was meinst du, wer dann doch von ganz hinten ›Frau Meyer‹ rief und aufstand? Kisma. Ich verstehe einfach nicht, warum Katja gerade sie nicht einladen will.«

»Reg dich nicht auf, Mutter«, höre ich Mama sagen. »In dem Alter haben die Kinder eben nur Flöhe im Kopf.«

Ha, ha, denke ich grimmig.

»Nein, Lisbeth-Marie«, entgegnet Oma. »Ich fürchte, da steckt etwas anderes dahinter. Seit Katja in letzter Zeit so oft mit dem Schmidt-Mädchen zusammensteckt, hat sie sich verändert. Du kennst doch den alten Schmidt mit seinen verstaubten Ansichten. Und ist dieser Junge, den man öfter mit ihm sieht, nicht auch in Katjas Klasse? Also, ihr Umgang mit diesen Leuten gefällt mir ganz und gar nicht.«

Das ist der Gipfel! Carola ist völlig in Ordnung.

Wütend öffne ich die Tür und platze mitten in das Gespräch. »Was kann Carola denn dafür, dass sie so einen Großvater hat?«, rufe ich. »Und dass der blöde Thomas sich gern mit ihm unterhält? Außerdem kann Carola Kisma gut leiden. Ich bin es, die nichts mit ihr zu tun haben will.«

»Warum denn nicht?«, fragt Mama.

»Ganz einfach, weil sie eine Streberin ist«, erwidere ich. »Und Streber kann ich nicht ausstehen.«

»Es ist doch sehr lobenswert, wenn sich das Mädchen in der Schule anstrengt um voranzukommen«, meint Oma. »Ein bisschen mehr Fleiß stünde dir auch gut zu Gesicht. Vielleicht solltest du dir an Kisma ein Beispiel nehmen.«

»Ein Beispiel? An dieser Streberin? Niemals!«, schreie ich.

»Schäme dich«, rügt mich Oma.

»Wieso?«, entgegne ich.

»Das reicht«, sagt Mama und schiebt mich aus dem Zimmer.

O Schimmelkäse, jetzt habe ich es mir mit Oma verdorben. Bestimmt wird sie mir nun meinen sehnlichsten Geburtstagswunsch verweigern. Ade, Mountainbike, mit uns wird es wohl nichts werden.

# Die Überraschung

Ich habe es ja gewusst! Enttäuscht packe ich das letzte Geschenk aus. Oma will mich bestrafen, weil ich die Streberin Kisma nicht zu meiner Geburtstagsfeier eingeladen habe.

Letztes Jahr hat Oma mit einer Seniorengruppe eine Urlaubsreise nach Tunesien unternommen. Seitdem fühlt sie sich schon beinahe als Expertin für dieses Land. Wieder zu Hause hat sie sich sofort mit allen tunesischen Familien im Umkreis angefreundet. Sie besucht sie, wobei sie bergeweise selbst gemachte Marmelade mitbringt, schwärmt ihnen von ihrem Heimatland vor und geht den Bedauernswerten bestimmt furchtbar auf die Nerven.

Die Khalkhalis zählen eindeutig zu Omas Favoriten, weil sie ihrer Meinung nach am tunesischsten geblieben sind und so herrlich gastfreundlich, ganz wie die Leute dort. Aber nur, weil Oma mit den Khalkhalis so dick befreundet ist, muss ich den Zirkus noch lange nicht mitmachen.

Ein großer Haufen Geschenke stapelt sich in der Ecke meines Zimmers. Die meisten davon sind wirklich in Ordnung und ich freue mich darüber. Aber sie sind eben kein Mountainbike. Und ohne das wird sich für mich nie etwas ändern.

In unserer Klasse ist nämlich das Cliquenfieber ausgebrochen. Alle gehören irgendwo dazu, nur ich nicht. Am meisten interessieren mich die Fliegenden Radler, die jeden Mittwoch Wettrennen veranstalten. Eigentlich ist diese Gruppe aus der Clique um Britta entstanden, die es schon sehr lange gibt. Bei deren Treffen ging es immer ziemlich gemütlich zu und man konnte mitmachen, auch wenn man nicht dazugehörte. Aber seitdem sie alle ein Mountainbike haben und sich hochtrabend die Fliegenden Radler nennen, verhalten sie sich entsprechend hochnäsig. Normalsterbliche sind für sie uninteressant, bis auf Carola. Sie gehört ein bisschen dazu, weil sie früher einmal ganz eng mit Britta befreundet war. Aber mit ihrem alten Klapperkasten von Rad kann sie nur eine Art Ehrenmitglied sein. Das scheint Carola jedoch nichts auszumachen.

Clique hin, Clique her, ich hätte auf jeden Fall gerne ein Mountainbike. Vielleicht habe ich beim Auspacken etwas übersehen?, überlege ich hoffnungsvoll. Einen Briefumschlag zum Beispiel, mit einem Gutschein darin?

Ich wühle hektisch in den Geschenkpapieren, Bändern, Anhängern und all dem Kram herum, aber da ist nichts.

Lustlos gehe ich zu der Geburtstagstafel, puste die elf Kerzen aus und schneide die riesige Himbeertorte an.

Alle fallen darüber her wie Heuschrecken. Mir aber ist der Appetit vergangen.

Ich mache mir große Vorwürfe. Hätte ich

doch nur die blöde Gans eingeladen. Ich hätte sie ja einfach nicht zu beachten brauchen. Das wäre das Fahrrad wert gewesen. Jetzt erscheint mir sogar eine Feier ganz allein mit Kisma nicht so schrecklich wie ohne Mountainbike dazustehen.

Ein Klingeling von draußen reißt mich aus meinen düsteren Überlegungen.

Wer kann das sein? Alle, die ich eingeladen habe, sind da. Wahrscheinlich hat es nur in meinem Kopf geklingelt und meine Ohren hören schon Gespenster.

Klingeling!

Nein, das Klingeln ist echt. Ich schaue aus dem Fenster und da ist Oma – mit einem Mountainbike!

»Hurra!«, schreie ich und renne hinaus.

Ich falle Oma um den Hals und schmatze ihr so viele Küsse auf wie sie bestimmt nicht mehr bekommen hat, seit sie mit mir »Hoppe, hoppe, Reiter« gespielt hat.

Jetzt schäme ich mich ganz schrecklich, weil ich eben noch so böse über sie gedacht habe. Ich will unbedingt etwas wieder gutmachen und ich weiß auch schon wie.

Vorsichtig stelle ich das Rad an die Hauswand. Während alle herumstehen und es bewundern, renne ich zu dem Mietshaus gegenüber um Kisma einzuladen und auf der Stelle mitzubringen.

Sie ist aber nicht da.

# Herkules

Drei Tage sind bereits vergangen, seit ich Herkules – so habe ich mein Mountainbike getauft – bekommen habe. Und noch kein einziges Mal habe ich richtig darauf fahren können wegen des dämlichen Wetters.

Schon während der Geburtstagsfeier fing es an.

Erst Regen, dann Frost und Glatteis auf den Straßen. Als es wärmer wurde und das Eis verschwand begann es wieder in Strömen zu regnen. Da wollte ich natürlich auch nicht losfahren.

Heute nach der Schule scheint endlich die Sonne und mich kann nichts mehr halten.

Ich schwinge mich auf Herkules und sause los.

Das Fahren allein ist schon Klasse. Und als ich dann nach ein paar Runden den Kirchberg ansteuere, wird es noch besser. Herkules schafft ihn ohne auch nur einen Muckser von sich zu geben. Das ist ein herrliches Gefühl.

Laut singend sause ich den Berg wieder hinunter und fahre schnittig bei Schmidts vor.

Carola ist wirklich eine prima Freundin. Sie ist keine Spur neidisch auf mein Glück. Nachdem sie ihr altes Rad aus dem Keller geholt hat, fahren wir gemeinsam los.

Natürlich ist es ein bisschen gemein von mir, dass ich jetzt all die hügeligen Strecken fahren will. Aber wie soll ich sonst Herkules' Qualitäten ausprobieren?

Bald schon geht Carola die Puste aus und sie hat keine Lust mehr, obwohl ich ihr Herkules zweimal überlasse. Als sie nach Hause fährt, ist ihr Gesicht knallrot von all der Anstrengung.

Deswegen schäme ich mich ein bisschen,

fühle mich aber gleichzeitig ganz stark und glücklich.

Ich kurve noch solange allein herum, bis ich Hunger bekomme. Dann erst kehre ich um.

»Aber Katja«, empfängt mich Mama in tadelndem Ton, als ich zu spät zum Essen komme.

Auch Oma sieht betont auf die Uhr.

Das schreckt mich nicht davon ab beiden einen dicken Kuss zu geben.

»Haben wir heute Geburtstag ohne es zu wissen?« Oma tut verwundert und zwinkert mir zu.

»Wir sollen wohl eher vergessen, dass du ihr etwas geschenkt hast, was sie vom Mittagessen abhält«, sagt Mama, aber so richtig ärgerlich klingt das auch nicht.

Ich setze mich zu Tisch und häufe mir eine riesige Menge Spaghetti auf den Teller.

»Sei vorsichtig mit dem Käse«, warnt mich Oma und sagt mit einem Seitenblick auf Mama: »Ich glaube, die Soße ist recht kräftig gesalzen.«

Was sind Spaghetti ohne viel Käse?, denke ich und streue mir eine große Portion darüber.

## Der Notfall

Die versalzene Spaghettisoße plus Käse hat mich durstig gemacht. Ich gehe zum Kühlschrank, nehme eine Flasche Fruchtsaft heraus und trinke sie in einem Zug halb leer. Der Saft schmeckt merkwürdig. Wahrscheinlich mal wieder so eine gesunde Sorte, die Mama ausprobiert. Dann lege ich mich auf das Sofa und sehe fern.

Nach einer Weile habe ich schon wieder Durst. Gut, dass Mama nicht da ist, sonst würde sie jetzt bei mir irgendeine »Durstkrankheit« diagnostizieren und die große

Heilkundige spielen, obwohl sie nur in einem Reformhaus arbeitet.

Ich greife wieder zu der Saftflasche im Kühlschrank und entdecke mit Schrecken, dass es gar kein Fruchtsaft ist, sondern Omas Medizin. Hilfe! Da lästere ich über Mamas Heilkünste und bin selbst blöd genug mich zu vergiften.

Auf dem Etikett sind chinesische Schriftzeichen und Oma tut immer sehr geheimnisvoll damit.

Was nun? Oma ist nicht da und Mama ist auf der Arbeit. Dort darf ich auf keinen Fall anrufen, weil ihr glotzäugiger Chef Privatanrufe strikt untersagt.

Trotzdem bewegen sich meine Beine wie von Geisterhand geführt in Richtung Telefon und ich wähle die Nummer des Reformhauses.

Den Hörer ans Ohr gepresst lasse ich mich auf den Hocker neben dem Telefon sinken. Ich fühle mich schon ganz schwach.

»Deine Mutter ist zur Zeit nicht im Haus«, teilt mir der Chef barsch mit.

O nein, jetzt nur nicht aufgeben, Katja, spreche ich mir selbst Mut zu.

»Ich muss sie wirklich dringend sprechen«, flehe ich. »Es geht um Leben und Tod.«

»Mädchen, Mädchen!«, ruft der Chef entnervt aus. »Ich habe dir doch gesagt, dass sie nicht da ist.« Plötzlich wird seine Stimme jedoch sanfter. »Was sagst du da von Leben und Tod? Ist etwas passiert?«

»Ja, ich habe mich vergiftet«, sage ich, wobei meine Stimme bedenklich wackelt. Laut ausgesprochen klingt es richtig schlimm und mir bricht der Angstschweiß aus.

»Vergiftet? Du lieber Himmel, warum sagst du das nicht gleich?«, keucht der Chef. »Womit?«

»Mit Omas Medizin«, erkläre ich und hole tief Luft. »Mama muss schnell herkommen.«

»Das wird sie, sobald sie kann«, versichert mir der Chef, der sich auf einmal richtig väterlich anhört. »Wo bist du jetzt?«

»Zu Hause.«

»Gut, bleibe dort, gleich kommt der Notarzt zu dir. Und damit er jederzeit hereinkommen kann, öffne als Erstes die Haustür. Und stelle die Medizinflasche direkt neben dich, damit er sofort sieht, was du getrunken hast.«

Ich nicke und weil er das natürlich nicht sehen kann, füge ich noch ein leises »Danke!« hinzu und lege den Hörer auf.

Ich blöde Gurke! Warum bin ich nicht selbst darauf gekommen den Notarzt anzurufen?

Mit weichen Knien gehe ich die Haustür öffnen, stelle die Flasche neben das Sofa und lege mich hin. Jetzt kann ich nur noch warten. Als ich die Sirene höre, geht es mir noch schlechter.

Der Notarzt kommt eilig ins Wohnzimmer. »Wer hat sich hier vergiftet?«, fragt er und klappt eine große schwarze Tasche auf.

»Ich«, piepse ich und zeige auf Omas Medizin.

»Hast du nur von dieser Flasche getrunken oder noch etwas anderes?«, erkundigt sich der Arzt und fühlt meinen Puls.

»Nur das«, erkläre ich.

»Dann kannst du dich beruhigen, das ist kein Gift.«

»Aber Medizin«, wende ich ein. »Oma nimmt davon immer nur ein Gläschen. Und ich habe gleich die halbe Flasche getrunken.«

»Das ist nicht schlimm. Das ist nur ein Verdauungstrank.« Der Arzt klappt seine Tasche wieder zu und steht auf. »Aber beim nächsten Mal denke daran: Erst hinschauen, dann trinken!«

»Und mir wird jetzt nichts passieren?«, frage ich, weil mir immer noch etwas übel ist.

»Na ja, wahrscheinlich wirst du auf dem stillen Örtchen erfolgreicher sein als sonst, aber mehr auch nicht«, sagt der Arzt lächelnd und geht.

Vorsichtig setze ich mich auf und atme tief durch. Das merkwürdige Schwächegefühl kommt wohl nur von der Aufregung.

Gerade als ich den Notarztwagen draußen fortfahren höre, stürmt Mama ins Zimmer.

Sie ist völlig aufgelöst vor Sorge. Während sie mir eine ellenlange Predigt hält, gespickt mit tausend Fragen, tastet sie mich gleichzeitig ab, als ob Omas Verdauungstrank zu Knochenbrüchen, Beulen oder sonst welchen Verunstaltungen geführt haben könnte.

Ich habe alle Hände voll zu tun um Mama zu beruhigen.

## Die Katastrophe

»Du siehst noch etwas blass aus«, sagt Mama und schaut mich prüfend an. »Am besten gehst du gleich ein bisschen an die frische Luft.« Sie sammelt ihre Sachen wieder ein, die sie vorhin achtlos fallen gelassen hat.

»Und vergiss deinen Haustürschlüssel nicht«, ruft sie mir noch zu, bevor sie zurück zur Arbeit fährt.

Das mit der frischen Luft finde ich eine gute Idee. Ich schlüpfe in meine Schuhe und angele noch schnell die neue Mütze aus dem Kleiderhaufen in meinem Zimmer. Dann bin ich auch schon draußen und hole Herkules aus seinem »Stall«.

Trotz der Mütze spüre ich, wie mir der kalte Wind um die Ohren saust, aber ich finde es herrlich. Das ganze Leben ist herrlich. Besonders wenn man, wie ich vorhin, dem Tod ins Auge geschaut hat. Auch wenn er es dann doch nicht gewesen ist.

Heute will ich den Schulberg in Angriff nehmen. Der Angeber Frank behauptet immer, er schaffe ihn in fünf Minuten. Das ist natürlich übertrieben und niemand nimmt ihm das ab. Trotzdem sind diese fünf Minuten ein Anhaltspunkt für mich.

Nach einem Blick auf die Uhr kämpfen Herkules und ich uns tapfer nach oben.

Völlig ausgepumpt stoppe ich vor dem Schultor.

Genau sieben Minuten.

Das begeistert mich. Um mir diesen steilen Berg zu ersparen bringt Mama mich jeden Morgen zur Schule, wenn sie zur Arbeit fährt. Dummerweise fängt ihre Arbeit aber eine halbe Stunde vor der ersten Schulstunde an. So vergeude ich täglich kostbare Schlafenszeit mit Warten. Damit ist jetzt Schluss, dank Herkules. Wenn ich den Berg in sieben Minuten schaffe und die paar Minuten von zu Hause dazurechne, bleiben mir immer noch zwanzig Minuten, die ich länger schlafen kann. Juchhuu! Nach ein paar Ehrenrunden vor dem Schultor sause ich den Berg wieder hinunter. Ich könnte platzen vor Freude.

Aber plötzlich merke ich, dass auch etwas anderes zu platzen droht. Die ganze Zeit hat es schon verdächtig in meinen Eingeweiden rumort. Von wegen nur etwas erfolgreicher am »stillen Örtchen«! Omas Verdauungstrank scheint seine Wirkung bereits getan zu haben. Wenn ich das gewusst hätte, wäre ich nicht weggefahren.

Jetzt aber nichts wie ab nach Hause, denke ich und radele so schnell ich kann.

Vor dem Haus lasse ich das neue Rad einfach ins Gras fallen. Verzweifelt suche ich meine Jackentaschen nach dem Haustürschlüssel ab. Wo ist der bloß? In meiner Hektik reiße ich mir noch einen Fingernagel ein. Und dann ist es völlig klar: Trotz Mamas Ermahnung habe ich den Schlüssel wieder einmal vergessen.

Jetzt kann mich nur noch Frau Elmer retten.
Ich renne über die Straße in das Mietshaus
gegenüber. Der innere Druck nimmt mit jeder
Sekunde zu und ich schaffe nur mit Mühe die
vielen Treppen hoch zum dritten Stock.

An Frau Elmers Wohnungstür klingele ich
Sturm. Früher hatte ich bei ihr jeden Mittwoch-
nachmittag Klavierstunde, bis sie sich für das
Unterrichten zu alt fühlte.

»Frau Elmer!«, rufe ich verzweifelt und
hämmere gegen die Tür.

Keine Reaktion. Bestimmt hat sie ihr Hör-
gerät leise gestellt und hält ein Schläfchen.

Die Tür der Nachbarwohnung öffnet sich
und wer erscheint? Kisma!

O Katastrophe! Aber jetzt hilft nichts mehr.
In höchster Not schubse ich sie einfach bei-
seite und stürze ins Bad.

In diesem Mietshaus gleichen sich die Woh-
nungen wie Spiegelbilder. Das ist mein Glück.
Nur ein paar Sekunden Suche nach dem Bad
und ich hätte es nicht mehr geschafft.

Außer der Anordnung der Räume hat die
Wohnung der Khalkhalis aber keine Ähnlich-
keit mit der von Frau Elmer. Hier im Bad zum

Beispiel sind so viele Grünpflanzen und mit Mosaiken verzierte Spiegel, dass der Raum viel größer erscheint, als er ist. Normalerweise wäre ich davon völlig begeistert, aber im Moment steht mir nicht der Sinn nach architektonischer Schönheit. Omas Trank hat mir eine richtige Generalreinigung beschert.

Nach der ersten Erleichterung stelle ich jedoch mit Entsetzen fest, dass in der Hektik einiges danebengegangen ist. Meine sofort einsetzende Rettungsaktion des blütenweißen Vorlegers verläuft nicht sehr erfolgreich. Im Gegenteil, durch das Waschen sieht das Ding nun aus wie ein begossener Pudel. Obendrein habe ich mir die Hose mit Wasser voll gespritzt, so dass jeder denken muss, ich hätte wie ein Säugling hineingepieselt.

Was mache ich jetzt bloß? Ich kann wohl kaum gleich hier aus dem Bad spazieren, lächelnd Danke schön sagen und wieder gehen, als sei nichts geschehen. Die Gans Kisma wird meine Blamage sicher genüsslich weitererzählen und morgen weiß die ganze Klasse Bescheid oder sogar die gesamte Schule. Mist, Mist, Mist!

Es muss doch einen Ausweg aus dieser peinlichen Lage geben. Vielleicht kann ich einfach verschwinden und Kisma wird sich fragen, ob sie das alles nur geträumt hat.

Obwohl mir klar ist, dass ich mich im dritten Stock befinde, öffne ich das Fenster und schaue hinaus. Zum Springen ist es natürlich viel zu hoch. Aber der Rosskastanienbaum wäre vielleicht eine Möglichkeit. Wenn ich den nächsten Ast erreichen könnte, bräuchte ich nur noch nach unten zu klettern.

Aber was ist, wenn ich es nicht schaffe? Dann ist mir ein Beinbruch sicher, wenn nicht sogar das Ende!

Nein, es muss einen anderen Ausweg geben. Vielleicht kann ich doch unbemerkt durch die Wohnung nach draußen gelangen. Kisma hat meine lange Sitzung sicher nicht vor der Badezimmertür abgewartet. Vorsichtig öffne ich die Tür einen kleinen Spalt und spähe hindurch. Niemand ist in Sicht. Auf Zehenspitzen schleiche ich den Flur entlang.

Gerade als ich die rettende Klinke der Wohnungstür hinunterdrücken will, kommt Kismas Mutter aus der Küche.

»Katja, wie schön, dass du uns endlich einmal besuchst«, ruft sie aus. »Deine Großmutter erzählt immer so viel Nettes von dir.«

Bestimmt hat sie meine nasse Hose gesehen, macht aber zum Glück keine Bemerkung darüber. Mit hochrotem Kopf ergebe ich mich in mein Schicksal und lasse mich von ihr in die Küche führen. Dort sitzt Kisma und grinst mich an. Und womit beschäftigt sich die Streberin an diesem herrlich sonnigen Nachmittag? Mit den Hausaufgaben!

»Magst du Mandelpudding?«, fragt Kismas Mutter.

Obwohl ich in Essensdingen alles, was wabbelt, inniglich liebe, bringe ich keinen Ton heraus. Mein Hals ist wie zugeschnürt.

Kismas Mutter gibt trotzdem eine große Portion in ein Schälchen und schiebt es mir hin. »Orangensaft?«, fragt sie dann und gießt auch schon ein Glas ein.

Mir bleibt nichts anderes übrig als dazusitzen und meinem Kloß im Hals noch einen Puddingkloß hinzuzufügen. Der Pudding ist wirklich lecker und den Orangensaft hat Kismas Mutter selbst gepresst.

Ich murmele ein Kompliment, woraufhin mir Kismas Mutter sofort eine weitere Portion verpassen will.

»Ich kann wirklich nichts mehr essen«, lehne ich dankend ab.

Oma hat Mama und mir schon oft von dem guten tunesischen Essen und dieser sprichwörtlichen Gastfreundschaft vorgeschwärmt. Im Moment wäre mir allerdings etwas weniger Gastfreundschaft lieber. Meine nasse Hose klebt unangenehm kalt an den Beinen.

Sobald sich Kismas Mutter aus der Küche verzogen hat, murmele ich: »Du verrätst niemandem etwas, oder?«

»Kann doch jedem passieren«, erwidert Kisma.

Ich nicke und kann nun endlich den Rückzug antreten.

## Die Gnadenfrist

Kismas »Kann doch jedem passieren« traue ich nicht so recht. Und bereits am nächsten Morgen auf dem Schulweg verstärkt sich meine Befürchtung.

Ganz in der Nähe des Schultors stehen die Fliegenden Radler und schütten sich aus vor Lachen.

O Schimmelkäse! Bestimmt haben sie von der Katastrophe erfahren. Was soll ich bloß tun?

Ich schiebe Herkules in den Fahrradständer und schließe ihn ab. Dann versuche ich mich

unbemerkt an der gackernden Gruppe vorbei-
zuschleichen.

»Hallo, Katja!«, ruft Britta zwischen zwei La-
chern und winkt mir zu.

Ich hebe hastig die Hand, wedele ein wenig
mit den Fingern und mache mich schnell aus
dem Staub.

»Hahahahaha!«, verfolgt mich das Lachen
der Clique und ich stelle mir vor, wie Kisma
mein beschämendes Abenteuer ausführlich
erzählt und auch noch phantasievoll aus-
schmückt.

Das alles schlägt mir genauso auf die Einge-
weide wie Omas Trank und ich renne zur Toi-
lette.

Dort bleibe ich solange, bis es schellt. Dann
schleiche ich als Letzte in den Klassenraum.

Zu meinem Erstaunen benehmen sich alle
wie sonst. Kein Getuschel, kein Gekicher,
keine hämischen Blicke.

Aber das liegt sicher an Herrn Garstiger. Der
trägt seinen Namen zu Recht, denn in seinem
Unterricht wird jeder Muckser strengstens ge-
ahndet.

Ich schiele zu Kisma hinüber. Ihr Blick hängt

wie üblich an Herrn Garstigers Lippen. Sie saugt seine mathematischen Ausführungen immer ein wie ein Erstickender die Luft zum Atmen.

Noch nie habe ich mich so wenig auf die Pause gefreut wie heute. Kaum hat es geschellt, rennen alle hinaus, nur ich bleibe im Klassenzimmer sitzen.

Kurz darauf kommt Jochen angeschlendert und mir rutscht das Herz in die Hose. Jetzt kommts, wappne ich mich innerlich.

»Kannst du mir die Geschichtsaufgabe zum Abschreiben geben?«, fragt er lässig.

Uff! Erleichtert krame ich mein Geschichtsheft hervor und gebe es ihm.

Dann warte ich darauf, dass irgendetwas Unangenehmes geschieht. Aber es geschieht gar nichts.

Nach der Pause fällt mir auf, dass Kismas Sitznachbarin Munira, die auch tunesische Eltern hat, heute nicht da ist.

Das ist wohl der Grund. So ohne Rückendeckung hat sich Kisma einfach nicht getraut die Katastrophe weiterzuerzählen.

Mir bleibt also noch eine Gnadenfrist. Die

Geschichtsstunde verbringe ich mit der Überlegung, wie ich Kisma den Mund stopfen kann. Aber bei Frau Werners grässlichem Geschnatter über irgendwelche Aufstände und Revolutionen fällt mir nichts Vernünftiges ein.

## Opfergabe

Am Nachmittag sitze ich in meinem Zimmer und weiß nichts mit mir anzufangen. Meine Gedanken kreisen immer nur darum, wie lange Kisma wohl noch dichthalten wird. Noch nie habe ich solche Angst gehabt, dass etwas herauskommen könnte, was ich geheim halten will. Allein bei der Vorstellung, wie meine Schulkameraden über mich lästern, wird mir ganz schlecht. Aber plötzlich habe ich einen Geistesblitz: mein alter Drahtesel!

Kisma besitzt kein Fahrrad. Wenn ich ihr mein altes schenke – so schrecklich alt ist es gar nicht –, wird sie die Katastrophe bestimmt nicht weitererzählen.

Ich springe auf und renne zu Oma. »Was meinst du, wie viel bekäme ich für das alte Rad, wenn ich es verkaufe?«, frage ich sie.

»Einhundert Mark vielleicht«, meint Oma. »Mit weniger als fünfzig würde ich mich nicht zufrieden geben.«

Das ist natürlich eine verlockende Summe. Davon könnte ich mir beinahe zwei gute CDs kaufen. Trotzdem, was sein muss, muss sein.

»Oder fändest du es besser, wenn ich das Rad einem guten Zweck opfern würde?«, frage ich Oma weiter.

»Das kommt ganz darauf an, was du unter einem guten Zweck verstehst«, erwidert sie.

»Ich könnte es zum Beispiel Kisma schenken.«

Omas Augen leuchten auf. »Das ist eine gute Idee«, sagt sie. »Wirklich lobenswert. Ich habe ja immer gewusst, dass ein guter Kern in dir steckt.« Und dann drückt sie mich so fest an sich, dass mir beinahe die Luft wegbleibt.

Nachdem ich mich befreit habe, renne ich in den Keller und hole den Drahtesel heraus.

Ächzend hebe und schiebe ich ihn die Treppen bis zu Kismas Wohnung hinauf. Völlig außer Atem klingele ich. Kisma macht die Tür auf und sieht mich erstaunt an.

»Hallo, ich wollte dich besuchen und der hier auch«, sage ich und zeige auf den Drahtesel.

»Dann kommt herein.« Kisma grinst. »Habt ihr Hunger? Ich wollte gerade etwas kochen.«

»Der Esel könnte ein bisschen Stroh gebrauchen«, scherze ich, weil mir nichts Besseres einfällt.

»Er hält sicher noch ein Weilchen aus«, geht Kisma darauf ein. »Erst mache ich uns etwas Leckeres.«

In der Küche steht ein merkwürdiger, zweistöckiger Topf.

Ich muss wohl etwas dumm darauf geschaut haben, denn Kisma erklärt mir sofort, dass das eine Kuskusia sei.

»Kuskusia?« Ich lache, weil das so lustig klingt.

»Ja, das Gericht heißt Kuskus und der Topf, in dem es zubereitet wird, ist danach benannt.«

Kisma holt eine Schüssel mit gekochten

Fleisch- und Gemüsestückchen aus dem Kühlschrank. »Meine Mutter hat das schon gestern vorbereitet«, sagt sie und gibt den Schüsselinhalt in den unteren Teil des Doppeltopfes. Dann gießt sie etwas Wasser dazu und stellt die Herdplatte auf größte Hitze.

»Magst du Harissa?«, fragt Kisma.

»Was ist das denn?«

»Pfefferschotenpaste.« Sie drückt mir eine kleine rote Tube in die Hand. »Wenn du gerne scharf isst, ist die genau richtig.«

»Ich glaube schon, dass ich scharfes Essen mag«, antworte ich und denke dabei an die riesige Menge Senf, die ich immer zur Bratwurst esse.

»Probiere besser erst einmal«, meint Kisma. »Aber sei vorsichtig, das Harissa ist höllisch scharf.«

So schlimm wird es wohl nicht sein, denke ich und tue mir ein bisschen davon auf den Zeigefinger.

Kaum hat die Paste meine Lippen und die Zungenspitze berührt, schießen mir die Tränen in die Augen und ich stürme zum Wasserhahn.

»Also lieber nicht so scharf«, entscheidet Kisma kichernd. »Dann nehme ich eben Tomatenmark für die Soße.«

»Wolltest du mich umbringen?«, keuche ich, nachdem das kalte Wasser den schlimmsten Brand gelöscht hat.

Ich habe Kisma unterschätzt. So trübtassig wie ich dachte ist sie gar nicht.

»Papp dir das auf die tauben Stellen«, sagt sie und gibt mir eine klebrige Süßigkeit. »Das hilft.«

Es hilft wirklich und ich kann die weitere Essenszubereitung verfolgen.

In den oberen, siebartigen Topf kommt das Kuskus, eine Art Weizengrieß, der dann in dem Dampf der köchelnden Soße garen soll.

Es duftet appetitlich und nach einer halben Stunde ist das Essen fertig.

Kisma rührt ein großes Stück Butter unter das Kuskus und schaufelt jedem von uns eine Portion auf den Teller. Darüber gießt sie die Soße.

Es schmeckt so wunderbar, dass ich beginne mich richtig wohl zu fühlen. Bis mir wieder der Grund meines Hierseins einfällt.

Wie soll ich das Gespräch nur auf mein altes Rad bringen? Kisma erzählt Geschichten von ihrer Großmutter in Tunesien und deren berühmten Kuskusbergen. Da kann ich doch nicht von dem klapprigen Drahtesel anfangen.

Auch beim Abwasch gelingt es mir nicht das Gespräch elegant in andere Bahnen zu lenken.

In meiner Verzweiflung mache ich daher den blödesten Abgang, den man sich vorstellen kann. Mit einem »Ach, übrigens, im Flur ist ein Geschenk für dich«, flüchte ich wieder einmal aus Kismas Wohnung.

## Der Streit

»Katja«, schreit mir Kisma aus dem Fenster nach. »Du hast deinen Esel vergessen.«

»Der gehört dir«, rufe ich zurück. »Das ist doch das Geschenk.«

»Geschenk? Der Drahtesel? Nein!«

»Aber ich schenke ihn dir gern.«

»Wofür denn?«

»Einfach so.«

»Ich will kein Geschenk.«

»Doch, doch.«

»Jetzt reicht es mir aber«, schreit Kisma. »Wenn du nicht sofort hoch kommst und das

Ding mitnimmst, schmeiße ich es aus dem Fenster.«

O Schimmelkäse, jetzt dreht sie völlig durch! So wie sie sich anhört bringt sie es fertig und tut es tatsächlich. Das hat mein treuer alter Drahtesel wirklich nicht verdient.

Ich renne schnell zurück, wobei ich jeweils zwei Stufen auf einmal nehme. Die Wohnungstür steht offen, aber von Kisma ist weit und breit nichts zu sehen.

Am Boden liegt das alte Rad. Das sieht so traurig aus, dass Wut in mir mir aufkommt. »Ich habe dir doch nur etwas schenken wollen«, rufe ich in die Wohnung hinein.

»Wieso denn?«, kommt es dumpf aus dem Zimmer neben der Küche.

»Weil ich es nett von dir fand, dass du meinen peinlichen Besuch neulich nicht verraten hast.« Ich hebe das arme Rad auf. »Aber das war wohl ziemlich dumm von mir, denn du bist überhaupt nicht nett.«

»Mir ist völlig egal, was du von mir denkst«, erwidert Kisma. »Lass mich einfach in Ruhe. Nimm dein sogenanntes Geschenk und hau ab!«

»Keine Sorge«, brülle ich. »Mich siehst du hier nicht wieder. Aber wehe dir, wenn du ein Wort von der Sache verlauten lässt.«

Der Streit mit Kisma hat mich so geärgert, dass ich mich kaum auf das Matheüben konzentrieren kann. Und dabei schreiben wir morgen eine Klassenarbeit.

Es will einfach gar nichts klappen. Immer bleibe ich irgendwo in einer Aufgabe hängen. Und habe ich mich dann doch bis zur Lösung durchgequält ist das Ergebnis falsch. Wenn morgen nicht ein Wunder geschieht, setze ich die Arbeit völlig in den Sand.

# Das Wunder

»Du wirst es schon schaffen«, sagt Oma aufmunternd und gibt mir einen Klaps.

Oma hat gut reden. Sie muss sich ja nicht gleich mit einer wichtigen Klassenarbeit herumschlagen.

Mutlos steige ich auf Herkules und radele los.

Unterwegs überlege ich, warum es eigentlich keinen Heiligen gibt, der für Notsituationen wie diese zuständig ist und den man um Beistand bitten kann. Aber vielleicht gibt es einen, nur weiß ich es nicht.

Während ich den Schulberg hinaufstrampele, spreche ich laut mein Bittgebet: »O du Klassenarbeits-Heiliger, wenn es dich gibt, hilf mir bitte, dass ich wenigstens eine Vier minus schreibe. Ich verspreche dir auch demnächst mehr zu üben.«

Vor der Schule kommt Kisma auf mich zugerannt.

»Es tut mir Leid wegen gestern«, sagt sie.

»Dafür kann ich mir auch nichts kaufen«, erwidere ich grimmig. »Du hast mir so gründlich die Stimmung verdorben, dass ich nicht mehr vernünftig lernen konnte.«

»Es tut mir wirklich Leid«, bekräftigt Kisma, bevor sie in das Schulgebäude eilt.

Der garstige Garstiger hat wieder voll zugeschlagen. Die Aufgaben sind noch schwerer als ich befürchtet habe. Bei einigen verstehe ich nicht einmal die Fragestellung.

Mein Gebet war also vergebens. Entweder gibt es keinen Heiligen für solche Fälle oder er hat heute Urlaub.

Anstatt mich mit den gestellten Aufgaben auseinander zu setzen rechne ich mir meinen zu erwartenden Notendurchschnitt aus. Das schaffe ich merkwürdigerweise ohne Schwierigkeiten. Dafür ist das Ergebnis umso schlimmer. Eine Sechs in dieser Klassenarbeit kann ich mir wirklich nicht leisten.

Ich gehe das Aufgabenblatt nochmals durch und versuche mich an irgendetwas aus dem Unterricht zu erinnern. Aber mein Kopf ist so leer wie eine hohle Nuss. Ich habe eiskalte Hände und schwitze gleichzeitig wie im Hochsommer.

Während die anderen fleißig schreiben, schaue ich aus dem Fenster in den trüben Morgen. Wie schön könnte ein Leben ohne diese ständige Schulquälerei sein.

Meine Gedanken reisen um die ganze Welt und auf meinem Löschpapier entsteht ein Gemälde nach dem anderen.

Als die Hälfte der Zeit um ist, schreckt mich ein Stoß von Carolas Ellbogen auf. Sie schiebt mir einen kleinen Zettel herüber. Darauf steht mein Name, aber kein Absender.

Vorsichtig falte ich das Briefchen auseinander. Das ist gar nicht so einfach, denn Herr Garstiger verfolgt jede unsere Regungen genau. Er überblickt den Raum wie ein Raubvogel sein Revier.

50

Endlich habe ich es geschafft den Zettel unbemerkt auseinander zu falten und in mein geöffnetes Mäppchen zu bugsieren.

Dann erfasst mich ein beinahe ehrfürchtiges Gefühl. Ein Wunder ist geschehen! Das Briefchen entpuppt sich als ein perfekter Spickzettel. Vier der fünf Aufgaben sind fein säuberlich aufgeschrieben, und zwar der gesamte Lösungsweg mit den Endergebnissen.

Ich greife zu meinem Füller und beginne sofort mit der Abschrift. Jetzt muss ich mich richtig dazu zwingen ab und zu einmal innezuhalten und aus dem Fenster zu schauen um den Eindruck zu erwecken, dass ich nachdenke und rechne. Denn wenn ich wie eine geölte Maschine vor mich hinschreibe, wird Herr Garstiger sicher misstrauisch. Das ist er von Trantüten wie mir nicht gewohnt.

Als es klingelt, kritzele ich noch hastig ein paar Zeilen hin, aber dann muss ich den Zettel leider verschwinden lassen.

Die vierte Aufgabe habe ich nicht ganz geschafft. Und die letzte fehlt natürlich völlig. Aber wenn die drei ersten richtig sind, ist mir die Note Vier sicher. Und wenn ich von der vierten Aufgabe noch etwas angerechnet kriege, könnte ich vielleicht sogar eine Drei bekommen.

Als ich das Heft auf das Pult lege, habe ich zum ersten Mal eine Ahnung davon, wie gut man sich fühlt, wenn man eine Mathematikarbeit abgibt, bei der die Möglichkeit besteht, dass etwas Sinnvolles darin steht.

## Mozartkugeln

Mit meinen Klassenkameraden geht es mir, so
glaube ich, wie allen Schülern. Die meisten
mag ich ganz gern, einige weniger, und ein
paar sind richtig gute Freunde. Aber noch nie
habe ich den Drang verspürt einen von ihnen
zu umarmen, bis heute. Ich muss einfach wissen, wem ich meine Rettung zu verdanken
habe. Daher renne ich auf den Schulhof und
suche Carola. Wo steckt sie bloß?

Da kommt Kisma angelaufen. »Na, hat er dir
etwas geholfen?«, fragt sie.

»Wer?«

»Der Zettel.«

»Der war von dir?« Natürlich, darauf hätte ich selbst kommen können. Niemand schreibt so ordentlich wie Kisma, unsere Matheleuchte.

Ich falle ihr um den Hals und umarme sie ganz fest. In meinem Überschwang hätte ich ihr beinahe noch einen Kuss aufgeschmatzt.

»Na, wen haben wir denn da, die Verliebten, K und K!«, reimt Ralf, der gerade vorbeikommt.

Ich lasse Kisma los und strecke ihm die Zunge heraus.

Kisma bekommt ein rotes Gesicht. Aber mich kann Ralfs Geläster nicht aus dem Gleichgewicht bringen. Ich könnte die ganze Welt umarmen, einschließlich Ralf.

»Du hast etwas gut bei mir«, sage ich zu Kisma. »Wünsch dir was, etwas Großes.«

Kisma überlegt eine Weile und sagt dann: »Mozartkugeln.«

»Das ist doch nichts Großes«, entgegne ich.

»Das kommt ganz auf die Menge an«, meint Kisma. »Eine Lastwagenladung voll finde ich schon recht groß.«

»Okay, die sollst du haben«, verspreche ich
großspurig.

Nach der Schule hake ich mich bei Kisma ein
und wir gehen in bester Laune zu der Konditorei in der Nähe, von der Oma immer
schwärmt.

Dort nehme ich sieben Mozartkugeln aus einer Schale, die auf dem Ladentisch steht, und
halte sie in beiden Händen vor mich hin.

Kisma kichert los, als ich Geräusche wie ein
Lastwagen mache und damit zur Kasse
»fahre«. Dort lade ich die Fracht in Kismas
Händen ab und hole meine Geldbörse heraus.

»O Schimmelkäse!«, rufe ich aus. »Ich habe
gar kein Geld.« In meiner Geldbörse befinden
sich genau fünfundsechzig Pfennig.

Kismas Kichern hat sich zu einem Lachanfall
gesteigert. Sie lässt die süße Fracht auf die
Theke rollen und zieht mich schnell aus dem
Laden.

Vor der Tür hält sie sich den Bauch vor Lachen. »Wie kannst du nur so etwas in einer fei-
nen Konditorei sagen?«, keucht sie. »Du hättest das Gesicht der Verkäuferin sehen sollen.
Bestimmt hat sie im ersten Moment wirklich

geglaubt, dass du in der Auslage zwischen den Pralinen einen Schimmelkäse entdeckt hast.«

Bei der Vorstellung pruste auch ich los.

»Jetzt hast du aber immer noch keine Mozartkugeln«, stelle ich bedauernd fest, als wir uns ausgelacht haben.

»Vergiss die Kugeln«, sagt Kisma. »So wild bin ich auch nicht darauf. Es war nur das Erste, was mir einfiel.«

Wir schlendern zurück zur Schule.

»O doppelter Schimmelkäse!«, ruft Kisma plötzlich aus. »Da fahren sie um die Ecke, ohne mich.«

»Sie« sind Munira und ihr Vater, der Kisma mittags immer mitnimmt, wenn er Munira von der Schule abholt.

»Bestimmt haben sie gedacht, ich wäre schon früher gegangen«, sagt Kisma und lässt die Schultern hängen.

»Mach dir nichts daraus«, sage ich. »Du kannst mit mir auf Herkules fahren.«

»Nein, nein«, lehnt Kisma hastig ab und ihr Gesicht sieht wieder so merkwürdig aus wie gestern, als wir uns gestritten haben. »Ich gehe zu Fuß.«

»Warum denn?«, protestiere ich. »Das schafft Herkules doch mit links.«

»Keine Lust«, erwidert Kisma nur und geht.

Ich hole schnell Herkules und starte. Als ich Kisma eingeholt habe, fahre ich langsam neben ihr her. »Was hast du denn?«, frage ich.

»Nichts«, sagt Kisma und geht schneller. Ihr dicker schwarzer Zopf schwingt auf ihrem Rücken hin und her.

Dann eben nicht denke ich und sause los. Man soll niemanden zu seinem Glück zwingen.

## Geldnöte

Auch wenn Kisma manchmal etwas merkwürdig ist, ihre Mozartkugeln soll sie haben.

Zu Hause ist aber weder Mama noch Oma da. Niemand, von dem ich mir etwas Geld leihen könnte. Heute ist irgendwie nicht mein Tag, stelle ich fest und suche nach einer Lösung.

Da fällt mein Blick auf das Sparschwein, das mir Oma einmal von einer Reise mitgebracht hat. Es hat lustige Hängeohren und schaut einen ganz lieb an. Mir war von Anfang an klar, dass jedes Geldstück, welches ich in seinen

Bauch stecke, verloren ist, weil ich das liebe Schwein niemals schlachten könnte.

Ich schaue ihm prüfend ins Gesicht und weiß, dass sich daran nichts geändert hat. Auch heute kann ich es nicht übers Herz bringen. Was also soll ich tun?

Ich drehe das Schwein auf den Rücken und schüttele es kräftig. Außer Geldgeklirr bringt das keinen Erfolg.

Dann hole ich ein langes Messer aus der Küche. Bei Plastikschweinen kriegt man damit das Geld wieder aus dem Schlitz ohne sie aufschneiden zu müssen. Das habe ich früher oft gemacht. Man braucht nur das Messer hineinzustecken und die Münzen gleiten darauf wie auf einer Rutschbahn in die Freiheit.

Bei dem Porzellanschwein klappt das leider nicht, weil sich die Öffnung nicht dehnen lässt. Neben der Messerklinge bleibt gerade noch genug Platz für ein paar Pfennige. Aber damit kann ich keine Mozartkugeln kaufen. Als ich mir schließlich einzureden versuche, dass das Schwein eigentlich nur Porzellan und Farbe ist und gar kein Leben darin steckt, höre ich erleichtert, wie die Haustür aufgeschlossen wird. Oma ist zurück. Zum Glück, denn womöglich hätte ich mich in meiner Verzweiflung doch noch zu einer Wahnsinnstat gegenüber dem armen Schwein hinreißen lassen. Ich drücke ihm schnell einen entschuldigenden Kuss auf die Schnauze und stelle es zurück ins Regal.

Dann erzähle ich Oma, dass Kisma mir in Mathematik geholfen hat. Leider kann ich nicht das gesamte Ausmaß von Kismas Heldentat beschreiben, weil dadurch herauskäme, wie schlecht ich momentan in Mathematik stehe und wie wenig Zeit ich mir für das Lernen genommen habe. Das hieße sicher Hausarrest und Herkules ade! Also verzichte ich auf die Einzelheiten und sage nur Allgemeines.

Trotzdem ist Oma ganz begeistert von unserer »Annäherung«, wie sie das nennt, und sofort bereit mir finanziell unter die Arme zu greifen.

»Wie viel brauchst du denn?«, fragt sie, wobei sie sich nicht verkneifen kann zu betonen, sie habe ja immer gesagt, dass Kisma ein nettes Mädchen sei.

»So fünf Mark vielleicht«, sage ich vorsichtig.
»Weißt du, Mozartkugeln sind ziemlich teuer.«

»Ja, aber dafür etwas Feines.« Oma durchforstet ihre Geldbörse. »Oh, jetzt geht es leider nicht«, sagt sie dann. »Ich habe gerade beim Einkaufen alles ausgegeben. Frag mich morgen noch einmal.«

»Morgen ist es zu spät«, jammere ich.

»Hmm, Lisbeth-Marie kommt heute erst nach Ladenschluss«, überlegt Oma. »Aber du hast doch noch dieses Sparschwein.«

»O nein!«, stöhne ich und flüchte in mein Zimmer. Auf Oma ist auch kein Verlass mehr.

## Das Wettrennen

Wenn etwas nicht so klappt wie ich es will bekomme ich sehr schlechte Laune, und dagegen
hilft nur eines: Rad fahren. Daher halte ich es
auch jetzt nicht lange über den Hausaufgaben
aus, sondern mache mich mit Herkules auf
den Weg.

Ich fahre bei Carola vorbei. Heute ist Mittwoch, da gibt es wieder einige Wettrennen der
Fliegenden Radler.

In letzter Zeit geht mir deren Gehabe allerdings ein bisschen auf die Nerven. Besonders
Britta, Ralf und der Angeber Frank tun sich für

meinen Geschmack zu sehr hervor. Aber die Clique hält ganz fest zusammen und wer dazugehört, hat es in der Schule leichter.

Ich habe mich beinahe daran gewöhnt immer zwischen den Stühlen zu sitzen.

Wegen Carola werde ich von den Fliegenden Radlern geduldet und weil ich früher einmal mit Jochen im Schwimmverein war, verhält sich die zweitwichtigste Clique unserer Klasse mir gegenüber auch recht freundlich.

Das ist ein erträglicher Zustand. Nur manchmal habe ich es satt am Rand zu stehen. Dann kribbelt es in mir, so wie jetzt zum Beispiel. Denn viel besser »fliegen« als ich können die Radler auch nicht. Trotzdem darf ich nicht mitmachen.

Carola und ich stehen am Straßenrand und warten auf das erste Rennen. Gerade prahlt Frank wieder einmal mit seinen fünf Minuten und da kann ich den Mund nicht halten.

»Das schafft doch jeder«, sage ich laut vor mich hin, obwohl ich den Berg bis jetzt nur in sieben Minuten geschafft habe.

So etwas hört Ralf sofort. Unser Musiklehrer würde ihn jetzt nicht wieder erkennen. Der beschwert sich stets über Ralfs mangelhafte Hörfähigkeit. Aber das bezieht sich wohl nur auf die musikalischen Töne.

»Du spinnst«, tönt Ralf. »Du hast dein Bike doch gerade erst bekommen.«

»Na und?«, erwidere ich. »Ich bin eben ein sportlicher Typ.«

Das wiederum kann Frank nicht so einfach stehen lassen. Er geht jedes Wochenende mit seinem Vater in ein Fitnesscenter und ist ganz stolz auf seine Muskeln.

»Das musst du erst einmal beweisen«, fordert er mich heraus.

Jetzt kommen auch die anderen herüber. Britta grinst ein bisschen. Franks Aufschneiderei ist stadtbekannt, aber selten legt sich jemand mit ihm an.

Ich fühle mich mutig und ängstlich zugleich. Wenn es nicht klappt, ist mein Ansehen völlig dahin. Aber wenn ich es schaffe, hat mein ewiges Zuschauerdasein vielleicht ein Ende und ich gehöre dazu.

Frank und ich stellen uns am Fuß des Schulbergs in Position. Britta radelt nach oben um das Ziel zu kontrollieren. Nach einer Weile gibt

Ralf den »Startschuss« und es geht los. Ich strenge mich unheimlich an, denn Frank ist wirklich gut. Die erste Hälfte des Berges ist er mir weit voraus. Aber dann fällt er ab und ich kann Meter für Meter aufholen. Mein tägliches Training macht sich eben bezahlt. Zum Schluss komme ich nur eine Handbreit hinter ihm ins Ziel.

Und dann überrascht mich Frank total. Als die anderen langsam eintrudeln, erzählt er ihnen, dass wir fast gleichzeitig angekommen sind und dass ich eine ganz tolle Bikerin sei.

Dieses angeberische »Bikerin« ist zwar wieder typisch Frank, aber seine ehrliche Großzügigkeit lässt meine Abneigung gegen ihn dahinschmelzen. Ein anderer hätte sich über den nur knappen Sieg geärgert.

Nun soll ich das nächste Rennen auch mitmachen, aber ich bin völlig aus der Puste und leihe mein Rad Carola. Dann geselle ich mich zu den Zuschauern.

## Des Rätsels Lösung

Nach der anstrengenden Fahrerei habe ich endlich das richtige Sitzfleisch für die Hausaufgaben.

Als ich schon einige Zeit über den Englischvokabeln gebrütet habe, klopft es an die Tür.

Oma kommt strahlend ins Zimmer und hält die Hände geheimnisvoll hinter ihrem Rücken versteckt. »Rate mal, was ich hier habe«, sagt sie.

»Ein Staubtuch«, tippe ich, weil Oma solche Dinge öfter macht um mich zu irgendwelchen Reinigungsaktivitäten zu bewegen.

»Falsch«, sagt sie und zieht triumphierend einen Zwanzigmarkschein hinter ihrem Rücken hervor.

»Wo hast du den denn her?«, rufe ich aus, schaue auf die Uhr und bin im Nu auf den Beinen. »Zwanzig vor sechs, das schaffe ich noch.« Hastig suche ich nach meinen Turnschuhen.

»Willst du denn gar nicht wissen, wie das Geld aufgetaucht ist?«, fragt Oma.

»Doch«, erwidere ich, während ich meine Jacke anziehe.

»Das ist das Geld für das Nachnahmepaket«, erklärt Oma. »Wir hatten es heute erwartet. Das Geld lag im Flur bereit, auf dem Garderobentisch.«

»Toll!«, stoppe ich Omas Redefluss, denn jetzt muss ich mich wirklich beeilen.

»Kauf die Kugeln nicht einzeln, sondern nimm eine Schachtel. Und lass sie dir hübsch einpacken«, redet Oma weiter. »Wenn man etwas schenkt, dann soll man es auch richtig machen.«

»Ja, ja.« Ich schnappe Oma den Geldschein aus der Hand und laufe los.

»Aber bring die Hälfte wieder!«, ruft sie mir nach.

»Du bist die beste Oma der Welt!«, schreie ich und schwinge mich auf Herkules.

Ich kaufe die schönste Packung Mozartkugeln, die es in der Konditorei gibt. Das kostet zwar etwas mehr als den halben Schein, aber Oma wäre sicher nicht mit der kleinen Schachtel einverstanden.

Dann fahre ich zu Kisma.

»Du bist meine Rettung«, ruft sie aus und strahlt über das ganze Gesicht. »Ich brauche jemanden zum Vokabeln abhören.«

»Von mir aus, wenn es sein muss«, stimme ich zu und drücke ihr das Päckchen in die Hand.

»Mozartkugeln!« Kisma lacht, obwohl sie das Papier noch gar nicht entfernt hat. »Erst das Vergnügen und dann die Arbeit.«

Solch eine Aussage aus dem Mund einer Streberin? Verwundert folge ich Kisma in ihr Zimmer.

Das ist wie ein Eintritt in eine andere Welt. Statt des üblichen Teppichbodens hat Kisma einen flauschigen Berberteppich und viele lederne Sitzkissen. Und anstelle des Dreiergespanns Bett – Schreibtisch – Regal gibt es hier eine grüne Schlafcouch, ein antikes Tischchen und zwei verzierte Holztruhen. Und überall hängen und stehen kuriose Dinge herum, die sehr orientalisch aussehen.

»Toll!«, rufe ich aus und kann mich gar nicht satt sehen.

Wir setzen uns auf den dicken Teppich und Kisma öffnet das Päckchen. Sie macht ein Genießergesicht, als wäre sie in einer Fernsehreklame. Dann schiebt sie sich die erste Kugel in den Mund und mir die zweite. So geht das eine Weile weiter. Die Vokabeln sind vergessen.

Als wir die halbe Packung vertilgt haben, falle ich wie erschöpft auf den Rücken.

»Uff!«, sagt Kisma und lässt sich auch nach hinten sinken.

»Darf ich dich mal etwas fragen?«

»Mmmh«, macht Kisma.

»Und du wirst mir nicht böse?«

Sie schüttelt den Kopf.

»Warum wolltest du heute Mittag nicht mit mir auf Herkules nach Hause fahren?«

»Das verdammte Rad!«, schreit Kisma und springt auf. »Warum verfolgst du mich immer mit deinen dämlichen Fahrrädern?«

»Weil...« Ich setze mich erschrocken auf.

»Weil was?«, faucht Kisma. »Was bist du bloß für ein Mensch? Erst willst du gar nichts von mir wissen und dann plötzlich alles.«

Mir wird ganz heiß, denn das stimmt wirklich. Mama hat mir schon vorgeworfen, dass ich mich unberechenbar benehme. Dadurch trete ich häufig in Fettnäpfchen. Wenn ich nämlich etwas wirklich wissen will, bin ich schrecklich hartnäckig. Das kann ich mir einfach nicht abgewöhnen. Und jetzt ist es wieder passiert.

Gerade als ich mich verdrücken will, was die dritte Flucht aus dieser Wohnung gewesen wäre, setzt sich Kisma wieder hin. »Na gut, ich sage es dir.«

»Das brauchst du nicht«, wehre ich ab. »Es tut mir Leid, dass ich so aufdringlich war. So bin ich eben manchmal. Aber ich verspreche dir, dass ich in deiner Gegenwart dieses Fortbewegungsmittel nie wieder erwähnen werde.«

»Du willst den Grund wissen, also sollst du ihn auch erfahren.« Kisma holt tief Luft und sagt dann ganz tonlos: »Bevor wir hierher gezogen sind, hatte ich auch ein Fahrrad. Jeden Tag bin ich mit meiner Freundin herumgekurvt. Wir waren unzertrennlich, bis wir den Unfall hatten. Meine Freundin hat ihn nicht überlebt und ich musste wochenlang im Krankenhaus liegen. Als ich wieder draußen war, habe ich mir geschworen nie wieder Fahrrad zu fahren.« Auf einmal laufen ihr riesige Tränen aus den Augen, wie ich noch nie welche gesehen habe. »Seitdem habe ich kein einziges Mal mehr ein Rad angefasst.«

Das Letzte bringt Kisma nur noch flüsternd heraus.

Obwohl ich ein bisschen Angst habe, wie sie reagieren wird, kann ich nicht anders und lege ihr den Arm um die Schultern.

Da geht es erst richtig los. Kisma weint mir meinen Pullover nass, während ich hilflos dasitze und sie fest halte.

»Tut mir Leid«, schnieft sie nach einer Weile und wischt sich über die Augen.

»Nein, mir tut es Leid«, sage ich leise. »Ich

wollte nicht gedankenlos oder grausam sein. Nur, es ist eben mein größter Spaß, so auf...« Ich stocke etwas. »So herumzufahren«, beende ich den Satz.

»Du kannst das Wort ruhig aussprechen«, meint Kisma und versucht zu lächeln. »Meinst du etwa, ich wäre nicht gerne wieder einmal Rad gefahren? Aber allein bei dem Gedanken daran bekomme ich Panik. Und wenn ich die in den Griff bekäme, bliebe immer noch mein Schwur. Wer weiß was passiert, wenn ich den breche?« Jetzt zittert ihre Stimme wieder ein bisschen.

Schnell krame ich mein Taschentuch aus der Hosentasche, denn Kismas ist schon ganz aufgeweicht. Ich schiebe es aber sofort wieder zurück, weil es nicht sehr appetitlich aussieht.

»Bist du abergläubisch?«, frage ich stattdessen.

»Ich weiß nicht.« Kisma zuckt die Schultern. »Ja, vielleicht ein bisschen.«

»Oder es ist einfach nur Angst. Ich glaube, ich würde mich an deiner Stelle nicht anders fühlen.«

Eine Weile sitzen wir still da und ich lasse

72

meinen Blick wieder durch Kismas Zimmer schweifen.

Das Fenster wird von riesigen Palmen fast verdeckt. Eine Kupfertellersammlung schmückt die eine Wand, an der anderen hängt eine Pinnwand mit vielen Fotos. Auf einigen ist Kisma immer mit demselben Mädchen zu sehen, aber die meisten zeigen sie und ihren Vater in den Ferien beim Kamelreiten in Tunesien, unter Dattelpalmen oder in einem hellblauen Fischerboot.

»Du verstehst dich gut mit deinem Vater«, stelle ich fest.

»Ja, klar«, antwortet Kisma.

»Es ist schon sonderbar, dass ich meinen Vater gar nicht so schrecklich vermisse«, überlege ich laut. »Er war aber auch vor der Scheidung nicht oft da.«

»Mein Vater ist einmalig«, sagt Kisma. »Überhaupt habe ich großes Glück mit meiner Familie. Das Einzige, was ich mir immer sehnlichst gewünscht habe, ist ein Bruder. Den zu haben stelle ich mir ganz toll vor.«

»Aber nur solange er klein ist«, wende ich ein. »Und wenn er nicht so wird wie Ralf.«

Kisma grinst ein bisschen. »So schlimm ist Ralf auch wieder nicht. Zumindest kann er gut reimen.«

»Na, wen haben wir denn da, die Verliebten, K und K«, äffe ich Ralf nach. »Pfhhh! Aber ist ja klar, dass dir so etwas gefällt.«

Jetzt grinst Kisma wirklich und greift wieder nach der Schachtel. Diesmal steckt sie zuerst mir eine Mozartkugel in den Mund und dann sich. »K und K klingt doch gut, oder?«

»Mmh!« Ich nicke und lasse das Nougat auf der Zunge zergehen.

## Thomas greift an

Seit einer Woche kleben Kisma und ich zusammen wie Pech und Schwefel. Jeden Nachmittag treffen wir uns entweder bei ihr oder bei mir. Der arme Herkules ist bestimmt beleidigt, weil ich ihn vernachlässige.

Wer mir auch etwas verschnupft vorkommt ist Carola. Sie redet nur noch das Nötigste mit mir. Das finde ich ziemlich blöd von ihr, denn seit sie ihr Taschengeld mit Babysitten aufstockt, hat sie sowieso nicht mehr viel Zeit für mich. Warum soll ich dann alleine zu Hause herumhocken?

Trotzdem habe ich ihr gegenüber ein schlechtes Gewissen und bin ganz erleichtert, als sie mir nach dem Unterricht zuruft: »Kommst du nachher bei mir vorbei, Katja?«

»Klar!«, erwidere ich. Vielleicht habe ich mir auch nur eingebildet, dass sie beleidigt ist.

Erst als sie verschwunden ist, fällt mir ein, dass ich mich mit Kisma verabredet habe.

Ich radele schnell zum Parkplatz und kann Kisma noch erwischen. »Wir müssen unsere Verabredung verschieben«, teile ich ihr mit. »Auf heute Abend vielleicht.«

»Schade«, meint Kisma. »Heute Abend gehts bei mir nicht. Da kriegen wir Besuch.« Sie sieht ein bisschen verloren aus und ich bekomme nun ihr gegenüber ein schlechtes Gewissen.

Munira wird ungeduldig und Kisma setzt sich ins Auto.

»Moment!« Ich will sie zurückhalten. »Mir fällt gerade etwas Geniales ein.«

»Erzähl es ihr später«, mault Munira. »Ich habe Hunger.«

Ihr Vater zuckt die Schultern und zwinkert mir zu.

»Ich komme nachher kurz bei dir vorbei«, sage ich zu Kisma und schlage die Autotür zu.

Dann radele ich nach Hause. Eigentlich kann ich Munira gut verstehen. Nach der Schule bin ich auch immer schrecklich hungrig. Aber ganz so kratzbürstig musste sie trotzdem nicht sein.

»Willst du denn nicht ein bisschen beim Abräumen helfen?«, rügt mich Oma, als ich direkt nach dem Essen wieder los will.

»Ich bin mit Kisma verabredet«, sage ich.

Bis vor kurzem war das noch das Zauberwort, das mich von der häuslichen Schinderei befreite. Mittlerweile ist Oma aber gar nicht mehr so begeistert von unserer Freundschaft. Sie hatte sich wohl erhofft, dass Kismas Streberfleiß auf mich abfärbt. Jetzt befürchtet sie, dass ich Kisma mit meiner Faulheit anstecke. Dabei ist das völliger Blödsinn. Kisma ist in der Schule so gut wie immer und ich bin leider so mittelmäßig wie immer.

Gehorsam bringe ich das Geschirr in die Küche und verdrücke mich dann in einem günstigen Augenblick.

Als Kisma mir die Tür öffnet, ist mir klar,

dass sie noch in den Fängen der Hausarbeit steckt. Sie trägt eine geblümte Schürze!

Ich grinse über ihren Aufzug und sie verdreht die Augen.

»Geh schon mal vor«, flüstert sie. »Ich komme gleich nach.«

Bisher habe ich Kismas Mutter immer nur gut gelaunt erlebt. Aber heute ist wohl auch hier dicke Luft.

In Kismas Zimmer schaue ich mir wie so oft die Fotos an der Wand an. Besonders das eine hat es mir angetan, wo sie mit ihrem Vater auf einem Kamel sitzt. Beide lachen von einem Ohr zum anderen und das Kamel sieht auch aus, als ob es lacht.

»Hallo.« Kisma kommt ins Zimmer und schließt leise die Tür. »Mit meiner Mutter ist heute nicht gut Kirschen essen. Der Besuch liegt ihr wohl schon im Magen.«

»Aber sie hat es doch gern, wenn viel los ist«, wundere ich mich.

Großmutter hat mir erzählt, wie es in Tunesien zugeht, und von Kisma weiß ich, dass ihrer Mutter das Leben in Deutschland oft zu ruhig und einsam ist.

»Ja, schon, aber das hier ist eine Ausnahme. Mama hat ihre Arbeitskolleginnen eingeladen. Darunter ist eine, die immer an allem herummäkelt. Jetzt findet Mama ständig etwas, was noch geordnet, auf Hochglanz gebracht oder gar versteckt werden muss, weil es zu schäbig aussieht.«

»Hier glänzt es doch immer und nichts sieht schäbig aus«, entgegne ich. »Aber ich weiß, was du meinst. Wir haben eine Tante, die auch so ist. Zum Glück besucht sie uns nur selten.«

»Was wolltest du mir denn Geniales sagen?«, fragt Kisma.

»Mein Einfall ist jetzt doppelt genial«, lobe ich mich selbst. »Dann können wir uns nämlich schön verziehen. Wie lautete dein Schwur genau?«

»O nein, nicht schon wieder das Radfahren!« Kisma stöhnt.

»Nun sag schon«, dränge ich.

»Ich habe geschworen, nie mehr Fahrrad zu fahren.«

»Siehst du«, sage ich triumphierend. »Du hast fahren gesagt. Von auf einem Fahrrad sitzen war nicht die Rede.«

Kisma sieht eher gequält als erfreut aus. Aber als ihre Mutter ruft, schnappt sie sich schnell ihre Jacke und schleicht mit mir aus der Wohnung.

»Ist eure Wohnung eigentlich verhext?«, flüstere ich ihr zu, als wir die Treppen hinunterhasten. »Immer muss man flüchten.«

Kisma kichert unterdrückt.

Als wir draußen sind, lacht sie laut los. »Ja, und bei euch muss man sich ständig vor den Freundlichkeiten deiner Oma retten.«

Das stimmt. »Komm, setz dich«, fordere ich Kisma auf und klopfe einladend auf Herkules' Sattel.

»Mmh, ich weiß nicht«, sagt Kisma und zögert.

»Warum? Du sollst ja nicht fahren, nur auf dem Sattel sitzen.«

Kisma schüttelt den Kopf.

»Nun komm schon«, sage ich aufmunternd. »Das betrifft deinen Schwur überhaupt nicht.«

»Aber nicht auf die Hauptstraße oder dahin, wo Lastwagen fahren«, schränkt sie ein.

»Nein, nein, bestimmt nicht«, versichere ich ihr. »Und ich fahre auch sehr vorsichtig.«

Kisma überlegt noch ein bisschen, bevor sie sich schließlich ganz steif auf das Rad setzt. »Und ich fahre niemals selbst«, betont sie. »Nicht um alles in der Welt.«

»Dazu zwingt dich auch niemand«, beruhige ich sie.

Ein Mountainbike ist das denkbar schlechteste Rad um jemanden darauf mitzunehmen. Und verboten ist so eine Aktion bestimmt noch obendrein.

Trotzdem fahre ich im Stehen los und nach anfänglichem Herumeiern geht es auch leidlich. Zum Glück wohnt Carola nicht allzu weit entfernt. Sie ist zwar nicht sehr begeistert, dass ich Kisma mitbringe, zeigt es ihr aber nicht.

Kisma wechselt zu Carola auf den Gepäckträger über. Sie hat ihre anfängliche Zurückhaltung aufgegeben und wird immer lockerer.

Carola ist aber auch ein toller Kumpel. Obwohl ich sie vernachlässigt habe und sie über Kismas Angst nicht Bescheid weiß, stellt sie keine dummen Fragen. Im Gegenteil, sie fährt von sich aus sehr rücksichtsvoll und baut nur ab und zu ein paar ungefährliche Schlenker ein um Kisma zum Lachen zu bringen.

So kommen wir in bester Stimmung an dem Treffpunkt der Fliegenden Radler an.

Kaum haben die uns erblickt, verstummen ihre Gespräche und eine merkwürdige Spannung liegt in der Luft.

»Wen schleppt ihr denn da mit an?«, bricht Thomas feindselig das Schweigen.

»Och, das sind doch K und K, oder heute besser CKK, Zehkacka«, albert Ralf.

Ich weiß nicht, ob er die Lage entschärfen will oder in dieselbe Kerbe haut.

»Hast du was dagegen, dass Kisma beim Rennen zuschaut?«, wende ich mich herausfordernd an Thomas.

»Dageeegen?« Er zieht das Wort ganz lang. »Diese fremde Brut hat hier generell nichts zu suchen, nicht nur bei unserem Rennen.«

»Halt die Klappe, du Idiot!«, faucht Carola. »Jetzt redest du genau wie mein Großvater.«

»Danke für das Kompliment«, erwidert Thomas. »Deinen Großvater finde ich Klasse.«

»Kommt, lasst uns fahren«, sagt Carola und wendet ihr Rad. »Bei dem ist jedes Wort verschwendet.«

Kisma hat die ganze Zeit wie erstarrt dagesessen und keinen Ton gesagt. Aber das ist kein Wunder. Zum ersten Mal seit Jahren sitzt sie wieder auf einem Rad und dann muss Thomas sein widerliches Gift versprühen.

Wütend fahre ich ihm bei meinem Wendemanöver ins Vorderrad.

»He, pass doch auf!«, schreit er.

Wir fahren los ohne uns noch einmal umzudrehen.

Die Fliegenden Radler sind für mich gestorben.

## Die Ohrfeige

»Warum lachst du denn nicht, Katja?«, fragt Mama mich beim Abendbrottisch.

Ich schrecke aus meinen Grübeleien auf. »Worüber?« Wahrscheinlich hat sie eine lustige Begebenheit erzählt und ich habe kein Wort gehört.

Mama sieht mich nur mitleidig an und häuft sich eine weitere Portion Kartoffelsalat auf den Teller.

Ich stochere immer noch in meiner ersten herum und bekomme kaum einen Bissen hinunter.

Warum ist Thomas so fies und gemein?, überlege ich die ganze Zeit. Ich kenne ihn, seit ich denken kann. Wir sind alle gemeinsam in den Kindergarten gegangen: Carola, Britta, Thomas und auch Munira. Nur Ralf nicht, der ist später zugezogen, genau wie Kisma.

Ich verstehe das alles einfach nicht. Zwar hat Thomas auch früher nie mit Munira und Kisma gesprochen, aber viele Jungen reden nicht gerne mit uns Mädchen. Und seine dummen Sprüche hat niemand so ernst genommen. Immerhin war Thomas einmal eine Zeit lang mit Roberto aus der achten Klasse befreundet und dessen Vater ist Italiener. Aber in letzter Zeit hat er sich verändert. Ob Großmutter Recht hat mit dem, was sie über schlechten Umgang sagt? Carola hat einmal von Jugendlichen erzählt, die ihren Großvater ab und zu besuchen. Denen erzählt er von früher, vom Krieg und so. Ob Thomas da zuhört? Er wohnt ja gleich nebenan. Die übrigen Schmidts sind durch den Umgang mit dem Großvater jedoch nicht beeinflusst. Irgendwie ergibt das alles keinen Sinn.

Schließlich habe ich den Kartoffelsalat doch

noch geschafft. Ich helfe Mama beim Abwasch, was sie dazu bewegt Oma einen bedeutungsvollen Blick zuzuwerfen.

»Kennt ihr Thomas' Eltern?«, frage ich, weil ich überlege, ob sie vielleicht so sind wie Carolas Großvater.

»Die Haslers? Nur von weitem«, sagt Mama.

»Ich habe mich einmal mit Herrn Hasler im Gartencenter unterhalten«, erzählt Oma. »Er fing damals mit seinem Spalierobst an und suchte Rat. Also, ich fand ihn ganz nett.«

Das sagt nicht viel. Oma findet alle Leute nett, die Spalierobst ziehen, weil mein Opa das gemacht hat. Unsere Hauswand ist voll davon.

»Warum fragst du?«, erkundigt sich Mama.

»Ach, nichts weiter«, sage ich und verziehe mich auf mein Zimmer. Dort stelle ich meine Lieblingsmusik auf volle Lautstärke und lege mich ins Bett.

Am nächsten Morgen komme ich gleichzeitig mit Britta vor dem Schultor an.

»Hallo, Katja«, begrüßt sie mich.

Ich tue so, als wäre sie Luft.

»Was ist los? Redest du nicht mehr mit mir?«

Ich schweige.

»Nun komm schon, ich kann doch nichts dafür, dass Thomas gestern mal wieder seinen Rappel bekommen hat.«

»Ach, hat er diesen ›Rappel‹, wie du das nennst, öfter?«, entgegne ich wütend. »Eigentlich bin ich dir nur böse, weil du keinen Ton gesagt hast. Aber wenn du schon lange weißt wie Thomas denkt und nie etwas dagegen unternommen hast, dann will ich überhaupt nichts mehr mit dir zu tun haben.«

Ich schiebe Herkules in den Fahrradständer und mache mich extra lange an dem Schloss zu schaffen. Als ich mich wieder umdrehe, ist Britta zum Glück verschwunden.

Was sie gesagt hat muss ich erst einmal verdauen. Wie kann sie einen solchen Fiesling in ihrer Clique dulden? Besonders wo sie in Geschichte immer ihre Antikriegsreden schwingt. Das hier ist doch auch eine Art Krieg.

Heute haben wir in der zweiten Stunde Erdkunde. Wir nehmen gerade die Mittelmeergebiete durch, was da so alles angebaut und abgebaut wird.

Das veranlasst Miriam und Thomas natürlich wieder dazu sich darüber zu streiten, wer von ihnen die meisten Mittelmeerländer bereist hat. Wenn man die beiden hört, meint man, sie seien ihr ganzes bisheriges Leben nur unterwegs gewesen.

»Auf Djerba war ich auch schon«, prahlt Thomas gerade.

Thomas war in Tunesien? Das ist ja wohl der Gipfel, denke ich und mache schon den Mund auf, als mir Carola zuvorkommt.

»Miststück!«, zischt sie und sagt dann laut: »Du hast dort als ›fremde Brut‹ doch gar nichts zu suchen.«

Thomas beugt sich vor und will Carola eine Ohrfeige verpassen. Zum Glück trifft er nur ihren Arm. Carola macht das aber so wütend, dass sie zurückschlägt. Und sie trifft besser. In Sekundenschnelle wird Thomas' Ohr knallrot.

Frau Werner schickt die beiden kurzerhand zum Abkühlen nach draußen. »Und ich will keinen Mucks mehr von euch hören, sonst schicke ich euch zur Direktorin«, warnt sie.

O weh, denke ich. Jetzt gibt es vor der Tür Tote! Auch Kisma sieht sorgenvoll zu mir hinüber.

Nach ein paar Anstandsminuten melde ich mich und behaupte, dass mir schrecklich übel sei. So sehr gelogen ist das auch gar nicht.

Ich darf nach draußen gehen. Vor der Tür ist weder Carola noch Thomas.

Das Ganze hat mir mittlerweile so zugesetzt, dass ich mich bei den schlimmsten Vorstellungen ertappe und selbst zur Ordnung rufen muss. Das hier ist kein Krimi, wo es alle zehn Minuten einen Toten gibt, der dann irgendwo in der Ecke liegt und von ahnungslosen Spaziergängern gefunden wird.

Trotzdem bin ich erleichtert, als ich Carola unversehrt im Pausenraum antreffe. Von Thomas, diesem miesen Stück, ist keine Spur zu sehen.

»Wie kommst du denn hierher?«, fragt mich Carola.

»Mir ist übel«, sage ich düster.

Carola nickt nur.

Dann sitzen wir einfach so da und warten, auf das Ende der Stunde, auf schönere Zeiten oder wie Kisma es wohl dramatisch in einem Deutschaufsatz ausdrücken würde: auf eine bessere Welt.

## Die Pausenkonferenz

Als es zur großen Pause klingelt, kommt Britta zu uns hereingestürzt, erzählt irgendetwas von einer Pausenkonferenz neben dem Schultor und rennt wieder hinaus.

»Na, dann lasst uns mal hören, was die Chefin Britta zu sagen hat«, meint Carola und steht auf.

Wir schlendern zum Schultor. Trotz unserer Langsamkeit sind wir die Ersten.

Nach einer Weile trudelt ein Fliegender Radler nach dem anderen ein, bis auf Thomas.

»Also«, beginnt Britta, als alle »Konferenzteilnehmer« aufgehört haben mit ihren Butterbrotpapieren zu rascheln. »Carola und Katja wollen, dass wir etwas wegen Thomas unternehmen. Ihr wisst ja, dass er gestern Kisma gegenüber eine dumme Bemerkung gemacht hat...«

»Das war wohl mehr als eine dumme Bemerkung«, fällt Carola ihr ins Wort. »Ich finde, jemand mit solchen Ansichten hat nichts bei den Fliegenden Radlern zu suchen.«

»Mich hat Thomas' Gerede auch schon oft gestört«, fügt Frank hinzu.

»Haha, gerade du solltest das Wort Gerede gar nicht in den Mund nehmen.« Miriam lacht. »Du hast doch die größte Klappe.«

»Aber Frank prahlt nur«, werfe ich ein. »Das tut niemandem weh.«

»Dafür nervt es schrecklich«, stöhnt Ralf und erntet von Frank einen Knuff.

»Lasst uns jetzt lieber über Thomas reden«, meint Carola. »Ich finde, er sollte aus der Clique ausgeschlossen werden.«

»Ich weiß nicht«, überlegt Britta. »Muss man ihn denn gleich...«

»Spielst du dich nicht ein bisschen zu sehr

auf, Carola?«, wirft Miriam mit ihrer hohen Stimme ein. »Du gehörst ja gar nicht richtig zu den Fliegenden Radlern. Und jetzt tust du, als hättest du das Sagen. Außerdem, so schlimm war die Bemerkung auch wieder nicht. Kisma ist viel zu empfindlich.«

»Kisma hat zu der Sache überhaupt nichts gesagt«, verteidige ich sie. »Wir sind es, die Taten sehen wollen.«

»Was habt ihr denn mit deinem Großvater gemacht, Carola?«, fragt Ralf. »Aus der Familie rausgeschmissen jedenfalls nicht. Und der redet doch bestimmt den ganzen Tag so ein Zeug.«

»Das ist etwas anderes«, gibt sogar Britta zu. »Einem Großvater kann man nicht einfach kündigen, einem Freund die Freundschaft aber schon.«

»Außerdem ist Großvater alt und im Alter ändern sich die Menschen nicht mehr so leicht«, fügt Carola hinzu. »Aber er weiß ganz genau, dass er mit seinen Parolen aus der Nazizeit und seinen Sprüchen gegen Ausländer bei uns nicht landen kann.«

»Auch Thomas werden wir vielleicht nicht

ändern können«, sage ich. »Aber irgendwie müssen wir ihm klar machen, dass es so nicht geht. Wir sollten ihn so lange ausschließen, bis er sich bei Kisma entschuldigt.«

»Da können wir wahrscheinlich ewig warten«, meint Frank. »Genügt es denn nicht, wenn er sich seine unsportlichen Bemerkungen einfach verkneift? Außer dieser Macke ist er nämlich ein toller Kumpel.«

»Wirklich toll«, spottet Carola. »Er macht andere fertig, nur weil deren Eltern nicht von hier stammen, und du nennst das ›unsportlich‹.«

»Kommt Thomas' Tante nicht auch irgendwo anders her?«, fragt Frank.

»Das ist doch völlig egal«, rufe ich dazwischen. »Seine Familie muss nicht unbedingt etwas mit seinen Sprüchen zu tun haben.« Merkwürdigerweise denke ich dabei an das Spalierobst, als ob Obstgärtner bessere Menschen wären!

»O Mann, so etwas macht mich schrecklich wütend«, sagt Carola. »Dieses dumme Gerede, wer, wann, von wo in dieses Land gekommen ist.«

»Dahinten steht Kisma. Fragen wir sie doch, ob wir etwas gegen Thomas unternehmen sollen oder nicht«, schlägt Mirjam vor. »Ich wette, sie sagt nein.«

»Natürlich sagt sie nein«, faucht Carola. »Sie ist ja auch nicht so ein Biest wie du.«

Zum Glück schellt es, bevor sich die beiden richtig streiten können.

»Wir müssen zur Sache kommen«, sagt Britta. »Wenn ihr nichts dagegen habt, werde ich heute mit Thomas reden und ihm sagen, dass wir einstimmig beschlossen haben ihm noch eine Chance zu geben. Hält er in Zukunft den Mund, dann kann er bei den Fliegenden Radlern bleiben. Macht er aber noch einmal solch eine Äußerung, fliegt er raus.«

Ralf, Frank, Mirjam und die anderen nicken.

Carola bemerkt spöttisch: »Britta hat einstimmig entschieden«, und geht.

Ich sage gar nichts. Einerseits kann ich die Radler sogar verstehen, dass sie Thomas nicht so einfach ausschließen wollen. Und es heißt ja immer so schön, man müsse Kompromisse machen. Andererseits, was hilft das? Kisma und Munira werden sicher keine Lust mehr haben ein Wettrennen der Fliegenden Radler anzusehen. Außerdem ist nichts gewonnen, wenn Thomas noch genauso denkt wie vorher und es nur nicht sagt.

## Herrn Garstigers Rache

Der Tag hält noch mehr Schrecken für uns bereit.

In der fünften Stunde überrascht uns Herr Garstiger damit, dass er die Mathematikarbeit bereits fertig korrigiert hat. Das ist wie ein Wunder, denn normalerweise braucht er dafür mindestens drei Wochen.

Ich habe ein mulmiges Gefühl. Vielleicht ist ihm aufgefallen, dass ich gespickt habe?

Die ganze Klasse sitzt in tiefem Schweigen da, als er den Packen Arbeitshefte lieblos auf das Pult knallt.

»Die Klassenarbeit ist sehr schlecht ausgefallen«, eröffnet er die Stunde. »Ich überlege ernsthaft, ob ich sie nicht für ungültig erkläre und wiederholen lasse. Mir ist schon längst klar, dass die Logik der Mathematik in die Hirne einiger Schüler keinen Einlass findet. Dass dies aber mittlerweile nahezu die Hälfte der Schüler betrifft hat mich sehr nachdenklich gestimmt.« Er schaut in die Runde und sieht jeden Einzelnen von uns genau an.

Mir läuft es kalt den Rücken hinunter.

»Am Unterricht kann es kaum liegen«, fährt Herr Garstiger fort. »Denn ein paar Schüler beweisen immer wieder, dass sie durchaus in der Lage sind den Stoff zu begreifen. Leider hat mir diesmal aber auch die größte Stütze des Unterrichts Kopfzerbrechen bereitet.« Bei dem letzten Satz sieht er Kisma an.

O nein, er weiß alles!

»Ich habe den starken Verdacht, dass einige Herrschaften meine Gutmütigkeit ausgenutzt und, sagen wir einmal, heimlich Informationen ausgetauscht haben.« Als er aufsteht und die Hefte in die Hand nimmt, kommt er mir wie ein Racheengel vor.

»Ich werde jetzt die Hefte austeilen. Diejenigen, die keines bekommen, sagen bitte zu Hause Bescheid, dass ich einen Elternteil morgen um eins nach Schulschluss im Lehrerzimmer erwarte.«

Klatsch, klatsch, klatsch! Herr Garstiger teilt die Hefte aus, als wolle er uns allein mit der Heftigkeit seiner Armbewegung bestrafen.

Wie ich befürchtet habe, bekomme ich meine Arbeit nicht ausgehändigt. Auch Kisma, Jochen und Frieder sitzen ohne Heft, aber mit roten Ohren da. Das kann ja heiter werden.

Mama ist morgen auf einem Lehrgang. Also werde ich wohl oder übel Oma die Nachricht überbringen müssen. Aber das ist verhältnismäßig harmlos. Viel schlimmer sind die Schuldgefühle, die mich jetzt plagen, weil Kisma meinetwegen in Ungnade gefallen ist. Und ich kann nichts tun ohne die Sache nur noch schlimmer zu machen.

## Die Strafe

Mama ist schon öfter in der Schule gewesen und jedes Mal kam ich mir dabei sonderbar vor. Das war aber gar nichts gegen dieses peinliche Gefühl, das mich ergreift, als Oma den Haupteingang hereinspaziert.

Sie hält Jochens Mutter die Tür auf und ich denke nur: O Schimmelkäse!

Oma hat sich für die Besprechung fein gemacht. Fein bedeutet bei Oma dunkelblaue Pumps, Seidenstrümpfe, ihr bestes dunkelblaues Kostüm, weiße Rüschenbluse und ihren ebenfalls dunkelblauen Hut.

Diesen Hut kann Oma niemand ausreden. Wir haben es schon tausendmal versucht. Das Ding sieht aus, als hätte Oma es zu ihrer Jugendzeit für einen Maskenball erstanden, ein Unding eben. Hoffentlich verschlägt es dem Garstiger die Sprache, dann hätte der Hut wenigstens einmal einen Nutzen.

Kismas Mutter sieht dagegen wie immer frisch und schön aus.

Na ja, ich will mich nicht beklagen. Es war schon genug harte Arbeit Oma meine schwierige Lage und ihre Rolle dabei vorsichtig beizubringen. Ich glaube, wenn Oma etwas bereut, dann den Tag, an dem sie mir Herkules geschenkt hat. Sie ist nämlich felsenfest davon überzeugt, dass meine sportlichen Aktivitäten die Wurzel allen Übels sind.

Ich schleiche den Müttern plus Oma aus sicherer Entfernung nach.

So ganz wohl scheinen sie sich in unserer Schule nicht zu fühlen. Frieders Mutter kichert mehrmals verlegen.

Im Flur vor dem Lehrerzimmer lungern Kisma, Jochen und Frieder herum und werden kurz von ihren Müttern in Beschlag genommen. Dann kommt Herr Garstiger und nach einer höflichen Begrüßung verschwinden die Erwachsenen im Lehrerzimmer.

Jetzt heißt es nur noch warten und hoffen.

Ich geselle mich zu den anderen Übeltätern. Frieder ist ganz locker. Er ist solche Sachen gewohnt. Jochen wirkt ein bisschen nervös, aber Kisma sieht richtig elend aus. Ich glaube, dies ist ihr erster Konflikt mit der Obrigkeit unserer Schule.

Die Besprechung dauert eine Ewigkeit. Langsam beginnt es uns unheimlich zu werden.

»Er hat sie gegrillt und aufgefressen«, mutmaßt Frieder grinsend.

»Dann würden sie aber nicht lachen«, entgegnet Jochen. »Ich höre ganz klar Katjas Oma heraus.«

»Die haben ja auch gut lachen«, murre ich. »Sie haben die Schule schon hinter sich.«

Endlich taucht eine nach der anderen auf und zuletzt Herr Garstiger. Er sagt noch etwas, was sich wie ein Scherz anhört, bevor er sich verabschiedet.

»Na, ihr seid mir eine Bande«, sagt Frieders

Mutter lachend und verwuschelt ihm das Haar. Von ihr hat er also sein sonniges Gemüt.

»Ihr könnt froh sein, dass ihr einen so verständnisvollen Lehrer habt«, ruft Oma aus. »Wir hätten früher in solch einem Fall eine ordentliche Tracht Prügel bekommen.«

»Kopf hoch«, flüstert Kismas Mutter und hakt sich bei ihrer Tochter ein.

Kisma lächelt schief. »Und? Was hat er gesagt?«, fragt sie.

»Ich habe ihm erklärt, dass dich überhaupt keine Schuld trifft«, beruhigt Oma sie und tätschelt ihren Arm. »Das war eurem Lehrer auch klar, nur, ein bisschen enttäuscht war er von deinem Verhalten schon. Was mich aber wirklich entsetzt hat sind deine schwachen Leistungen, Katja. Wie schlecht du wirklich stehst hast du gekonnt verschwiegen.«

Ihren Tonfall kenne ich nur zu gut. Der ist immer der Auftakt zu einem großen Donnerwetter. Weil sie aber mit den anderen Frauen Schritt halten will, kann sie nicht so ausgiebig schimpfen wie sonst.

»Muss ich die Klassenarbeit nachschreiben?«, unterbreche ich sie.

»Die ganze Klasse wird die Arbeit wiederholen«, berichtet Oma. »Herr Garstiger meint, dass die Aufgaben vielleicht doch zu schwierig waren. Und stell dir vor, welch eine patente Lösung euer Lehrer uns vorgeschlagen hat.« Oma bleibt stehen und sieht mich an.

»Mach es nicht so spannend«, dränge ich.

»Ab morgen wird Kisma dir jeden Nachmittag Nachhilfe in Mathematik geben, bis du sicher auf Drei stehst.«

Das hat mir gerade noch gefehlt!

»Wirklich, ein äußerst patenter Vorschlag«, sage ich mit Leidensmiene. »Weiß Kisma schon von ihrem Glück?«

»Ihre Mutter erzählt es ihr gewiss gerade. Und ich bin sicher, dass Kisma es gerne tun wird.«

Das ist gut möglich. Wie ich sie kenne wird sie trotz aller Freundschaft gnadenlos versuchen trockenes Mathematikwissen in mich hineinzustopfen.

Gerade dreht sie sich nach uns um und wirft mir einen beinahe schadenfrohen Blick zu. Der lässt mich ahnen, dass mir düstere Zeiten bevorstehen.

## Der falsche Absprung

Schon die erste Nachhilfestunde war ein Erfolg.

Anfangs hatte Kisma ihre liebe Not mit mir, denn ich war ziemlich unwillig. Aber sie blieb hartnäckig und dann habe ich die Sache tatsächlich verstanden. Das nützt noch nicht viel, weil es der Stoff von vor sechs Wochen war. Kisma meinte jedoch aufmunternd, der Anfang sei gemacht.

Das Wichtigste ist, dass ich mir heute in der Mathestunde nicht mehr so hilflos vorkomme. Zwar begreife ich immer noch kaum etwas, aber ich ertappe mich dabei, dass ich die ganze Stunde über wirklich zuhöre. Und mein Bemühen scheint wiederum bis zu Herrn Garstiger durchzudringen, denn er kommt mir plötzlich viel netter vor. Aber vielleicht bilde ich mir das auch nur ein.

Oma hätte zu diesem Phänomen sicher eine Weisheit parat, etwa in der Art: Wie man in den Wald hineinruft, so schallt es heraus.

Ich glaube nach wie vor, dass bei manchen Lehrern auch das süßeste Hineinrufen vergebens ist. Auf jeden Fall steigt meine Stimmung um einige Grade an.

Nach der vierten Stunde schlendern wir zur Turnhalle.

Ohne die letzten beiden Stunden Sport wäre der Mittwoch für mich kaum zu ertragen. Kisma sieht die Sache anders. Sie würde diesen Schultag am liebsten streichen. Sport ist nämlich nicht gerade ihre starke Seite. Dabei macht sie gar keine so schlechte Figur, finde ich. Immerhin hängt sie am Turnseil nicht wie ein nasser Mehlsack wie manch andere und bei den Ballspielen ist sie auch nicht hoffnungslos. Es gibt ja Leute, die noch nicht einmal einen Ball ordentlich fangen können. Trotzdem kann Kisma dem Sport nichts abgewinnen. Das ist ihre einzige Drei im Zeugnis.

Heute machen wir Bockspringen und für die besonders Eifrigen stellt unsere Sportlehrerin noch ein Pferd auf.

Carola ist darin ganz große Klasse. Sie kann sogar eine saubere Flanke über das Pferd springen. Ich bin froh, wenn ich überhaupt darüber komme. Das Pferd ist das einzige Sportgerät, bei dem ich mich nicht so wohl fühle. Das Ding ist mir einfach zu hoch. Trotzdem reihe ich mich mit Carola dafür ein, denn das Bockspringen ist mir wiederum zu leicht.

»Warum gibt es eigentlich keinen Esel?«, stöhne ich vor mich hin. »Der hätte die ideale Größe.«

»Du bist selbst ein Esel.« Carola grinst, bevor sie anläuft und elegant über das Hindernis springt.

Ich trete ein wenig auf der Stelle und dann geht es los: Sprung, hopp, geschafft!

Erleichtert gehe ich zurück für den zweiten Versuch. Mein Mut wächst. So schlimm ist das Pferd überhaupt nicht.

Als Carola wieder losläuft, sehe ich, wie Miriam auf der anderen Seite beim Sprung den ganzen Bock mitreißt. Das tut bestimmt weh.

»Du bist dran«, sagt Britta hinter mir und stößt mich an.

Ich laufe los, wobei ich immer noch nach Miriam hinschiele, die sich gerade wieder aufrappelt. Sprung, hopp...

Ein höllischer Schmerz schießt durch mein rechtes Bein und mir wird schwarz vor Augen. Das Letzte, was ich höre, ist ein Schrei.

Als ich wieder aufwache, ist mir ganz schlecht und die Schmerzen in meinem Bein sind fast unerträglich.

Ich liege auf einer Trage und Carola und Kisma halten jeweils eine meiner Hände.

»Das wird schon wieder«, redet mir unsere Sportlehrerin zu. Dabei sieht sie so bleich und entsetzt aus, dass ich ihr nicht ganz glaube.

»Jetzt müsst ihr sie aber loslassen«, sagt einer der Männer im weißen Kittel, die um mich herumspringen.

Mit einem Ruck, der mir wie Feuer durch das Bein schießt, heben sie mich hoch und transportieren mich nach draußen.

Ich höre, wie Carola meine Personalien angibt und unsere Telefonnummer.

Als ich in den Krankenwagen geschoben werde, wird mir wieder schwindelig. Kisma greift nach meiner Hand und drückt sie vorsichtig.

»Es darf nur einer mitfahren«, ruft jemand laut. Ich höre noch Carolas empörten Protest, dann wird es erneut schwarz um mich.

Erst im Krankenhaus komme ich wieder zu mir.

Mama, Oma und Kisma schauen mit besorgten Gesichtern auf mich herab.

»Ist es sehr schlimm?«, flüstere ich.

Oma versteht mein Gekrächze.

»Du hast dir das Bein gebrochen und wirst gleich operiert«, sagt sie und streicht mir die Haare aus der Stirn. »Aber das schaffst du schon.«

Das hat sie vor der Mathematikarbeit auch gesagt. Und was ist dabei herausgekommen? Wenn doch nur die Schmerzen weggingen.

»Ich komme dich jeden Tag besuchen«, flüstert Kisma mir ins Ohr. »Und jedes Mal bringe ich dir Mozartkugeln mit.«

Ich versuche zu lächeln, bringe aber nicht mehr als ein schwaches Grinsen zustande.

Mama drückt mir einen feuchten Kuss auf die Stirn. Sie sieht ziemlich zerfurcht und verheult aus.

»Ist doch nicht so schlimm«, tröste ich sie, woraufhin sie prompt zu weinen anfängt.

Als ich in den Aufzug geschoben werde, drückt mir Kisma etwas in die Hand. Es ist weich und pelzig und ohne hinzusehen weiß ich, was es ist: Ihr Klemm-Äffchen, das sie stets bei Klassenarbeiten und sonstigen Problemfällen des Lebens begleitet.

Ich halte es ganz fest und schließe die Augen.

## Warten auf Kisma

Mein rechtes Bein ist vom Fuß bis zum Ober-
schenkel eingegipst und ich habe auch schon
zwei Unterschriften darauf bekommen. Die
sind von meinen Zimmergenossinnen, als
Willkommensgruß sozusagen.

Anne ist dreizehn und hat sich auch das Bein
gebrochen, aber das linke. Sie spielt die ganze
Zeit auf einem Gameboy herum. Meike ist erst
acht und hat, soweit ich sehen kann, nichts gebrochen. Warum sie hier ist weiß ich noch
nicht. Dafür weiß ich, dass sie ihre gesamte
Puppenfamilie mitgebracht hat. Heute Morgen

hat sie jeder Puppe ausgiebig die Haare gekämmt, darüber ihre eigenen aber offensichtlich vergessen.

Mein Bett steht am Fenster. Das klingt besser als es ist. Der Ausblick ist in alle Richtungen gleich öde. Links zeigt sich mir die holde Natur: ein grauer Himmel und die obersten Zweige einer Blautanne. Geradeaus kann ich mein Bein bewundern und eine langweilige Alpenlandschaft an der gelblichen Wand. Rechts ist die Tür und dahin schaue ich am meisten.

Wir bekommen viel Besuch. Mama war schon ganz früh am Morgen da. Sie wollte sich sogar frei nehmen, aber ich habe ihr das ausgeredet. Warum soll sie ebenfalls hier herumhängen? Den Tag würde sie von ihrem Urlaub abgezogen bekommen und dieses Jahr wollen wir doch eine große Reise machen. Außerdem würde Mama mich sicher nur beglucken.

Oma hat Mama dann beim Besuchen abgelöst und mir meinen Walkman und einige Sachen zum Lesen mitgebracht. Unter den Lesestoff hat sie zwei Schulbücher geschmuggelt, Chemie und Mathe. Das hat mir beinahe die Sprache verschlagen. Ich soll mich hier erholen und nicht büffeln!

Aber was Zeitvertreiben anbetrifft ist Oma große Klasse. Sie hat immer viel zu erzählen und auch gleich herausbekommen, dass Meike wegen Blinddarmreizung hier ist.

Als Oma sich verabschiedet, gibt es schon Mittagessen. Ihr Besuch, der mir so kurz vorgekommen ist, hat also drei Stunden gedauert.

Nach dem Mittagessen, es gab Klöße mit Sauerbraten, schlafe ich ein. So etwas kann ich normalerweise gar nicht leiden, aber hier fällt es mir ganz leicht.

Anne spielt wieder mit ihrem Gameboy. Langsam geht mir ihr ständiges »Aah« und »Ooh« und »Mist« auf die Nerven.

Ich setze mir den Kopfhörer auf und schaue auf die Uhr. Gleich ist Schulschluss und da müssten Carola und Kisma vorbeikommen.

Kismas Äffchen hat es sich an meinem Kopfkissen bequem gemacht.

Meike hat Besuch von ihren Brüdern. Sie zanken sich so laut, dass es meine Musik übertönt. Ich komme mir steinalt vor, weil ich mich nach Ruhe sehne.

Passend zu dieser Erkenntnis schnappe ich mir die Fernsehzeitung und löse das Silbenrätsel darin. Eine richtig omahafte Beschäftigung.

Fußgetrappel und laute Stimmen im Flur erlösen mich von meiner selbst gewählten Tätigkeit. Die Tür geht auf und Carola kommt herein. Ihr folgt beinahe die ganze Klasse, so kommt es mir zumindest vor. Das kleine Zimmer ist im Nu voll gestopft.

Carola, Britta, Jochen, Frank und Munira setzen sich zu mir aufs Bett. Ralf und Frieder schieben die anderen zur Seite um unserer Sportlehrerin Platz zu machen, die hinter einem riesigen Blumenstrauß auftaucht. Sogar Thomas steht an der Tür. Nur Kisma ist nirgendwo zu sehen.

Alle kritzeln mit großem Hallo und Geschrei ihr Autogramm auf mein Gipsbein.

Sie bleiben aber nicht lange, was ich ihnen nicht verdenken kann. Ich drücke mich auch gerne um Krankenhausbesuche.

Den restlichen Nachmittag verbringe ich damit lustlos in meinen Büchern herumzublättern und immer wieder auf die Tür zu starren.

Warum kommt Kisma nicht? Ein gemeinsames Mozartkugelvertilgen wäre jetzt genau das Richtige.

Aber der Tag vergeht und Kisma taucht nicht auf.

Nach Mamas Abendbesuch schlafe ich sofort ein. So ein Tag im Krankenhausbett ist anstrengender als jedes Radrennen.

## Der Verdacht

Die Tage im Krankenhaus verlaufen nach einem ganz bestimmten Muster. Nach dem Wecken gibt es Frühstück, danach ist Arztvisite und dann ist bis zum Mittagessen und wieder danach Langeweile angesagt.

Wenn nur einer käme und die Warterei etwas kurzweiliger machte!

Oma spottet über meine Klagen. Sie meint, dass jemand, der erst drei Tage hier ist, noch gar keine Zeit für Langeweile haben kann. Hat die eine Ahnung!

Außer Mama und Oma besucht mich kein

Mensch. Ich frage mich die ganze Zeit, warum Kisma nicht kommt. Sie hat mir doch versprochen mich jeden Tag zu besuchen.

Drei Tage Geduld sind wirklich genug, finde ich und greife zum Telefon.

»O Katja, wie geht es dir?«, erkundigt sich Kismas Mutter.

»Es geht so«, erwidere ich. »Das Bein tut noch ein bisschen weh. Kann ich Kisma sprechen?«

»Moment!«

Ich höre Schritte und Türen klappen, dann ist Stille. Ich warte und warte. Endlich greift wieder jemand zum Hörer. Aber es ist erneut Kismas Mutter.

»Tut mir Leid, Katja«, sagt sie und klingt ganz merkwürdig. »Kisma verhält sich seit zwei Tagen sehr sonderbar. Ich weiß wirklich nicht, was mit ihr los ist. Sie will mit keinem reden. Aber ich hoffe, dass sich das bald wieder gibt. Mach dir nichts daraus. Ich wünsche dir gute Besserung.«

»Danke«, murmele ich und lege auf.

Das lässt mir keine Ruhe und ich rufe bei Carola an.

»Sag mal, was ist eigentlich mit Kisma los?«, frage ich. »Sie hat mich noch kein einziges Mal besucht, obwohl sie es mir versprochen hat.«

»Vielleicht hat sie keine Zeit«, sagt Carola. »Mach dir nichts daraus.«

»Genau dasselbe hat Kismas Mutter geraten.« Ich stöhne. »Aber ich mache mir etwas daraus. Da stimmt doch irgendetwas nicht. Du klingst auch so merkwürdig. Und niemand kommt mich besuchen.«

»Ja, weißt du, es ist wirklich nicht so, dass wir dich nicht gerne besuchen würden. Aber ich glaube, es hat sich einfach keiner zu dir getraut. Wir wollten dir die ganze Sache ersparen.«

»Welche Sache? Nun rede endlich. Ich bin nicht herzkrank oder so etwas. Ich habe nur ein Bein gebrochen. Und dein Herumdrucksen regt mich viel mehr auf.«

»Ist ja gut«, beschwichtigt mich Carola. »Vorgestern nach der Schule sind einige von uns noch zum Kakaotrinken in die Konditorei gegangen. Kisma war auch dort und hat Pralinen oder so etwas gekauft. Ralf hat ein bisschen darüber gelästert, wie er eben ist. Du kennst ja seine Sprüche von den Verliebten K und K. Kisma hat gesagt, er solle die Klappe halten, und da ist Thomas ausgerastet. Sie solle lieber selbst die Klappe halten und ihn nicht bei seinen Freunden schlecht machen. Er denke nicht daran sich so etwas von Kanaken gefallen zu lassen. Kisma ist wortlos geflüchtet. Wir haben Thomas Vorwürfe gemacht und da ist er auch abgehauen. Aber er kam gleich zurück und sagte, sein Mountainbike sei weg. Er war sicher, dass Kisma es geklaut hat. Und auch die anderen dachten, dass sie es aus Rache mitgenommen hat um ihm einen Schreck einzujagen.«

»Kisma? Thomas' Mountainbike?«, ächze ich. »Niemals!«

»Ja, das habe ich auch gesagt. Ich bin dann mit Britta sofort zu Kisma gefahren um die Sache aus der Welt zu schaffen. Als Britta sie ausfragte, wurde Kisma puterrot und knallte uns die Tür vor der Nase zu. Das hat mich ein bisschen nachdenklich gemacht. Weißt du, verdenken würde ich es ihr nicht, wenn sie es getan hat. Thomas hat wirklich eine Lektion verdient.«

»Du kapierst überhaupt nichts«, schreie ich.
»Ihr seid allesamt widerliche Idioten!«

Ich knalle den Hörer auf die Gabel.

Carola hat mich tief enttäuscht. Ich hätte nie gedacht, dass sie so schnell und ohne Beweise an jemandem zweifelt.

Vor lauter innerer Wut bringe ich beim Abendbrot keinen Bissen herunter.

Vielleicht hätte ich meine Verzweiflung bei Mama abladen können, aber die Arme hat schreckliche Kopfschmerzen und fährt nach einem dreiminütigen Kurzbesuch nach Hause.

## Krückentraining

Als ich nach fünf Tagen aus dem Krankenhaus entlassen werde, geht es meinem Bein zwar besser, aber meine Stimmung ist auf dem Nullpunkt.

Wenn ich an Kisma, die Schule und meine Klassenkameraden denke, komme ich mir so vor, als wäre ich auf einem fremden Planeten in Quarantäne gewesen.

Nun darf ich also morgen wieder in die Schule. Um mich ein bisschen an das Gehen beziehungsweise Humpeln mit den Krücken zu gewöhnen übe ich in der Wohnung.

Meinen ersten Ausgang aber mache ich schnurstracks zu Kisma hinüber. Ich muss die Sache klären, sonst werde ich noch verrückt.

Als ich die letzte Treppenstufe geschafft habe, kann mir wirklich niemand mehr nachsagen, ich hätte das Gehen mit den Krücken nicht ordentlich geübt. Aber dann kippe ich beinahe beim Klingeln um, weil die blöde Krücke wegrutscht.

Kisma öffnet die Tür. Sie sieht blass aus.

»Hallo«, sage ich.

Kisma schaut mich nur an.

»Danke für deine täglichen Besuche und die Mozartkugeln«, rutscht es mir heraus. Das hatte ich gar nicht sagen wollen.

»Schön, dass du wieder gesund bist«, entgegnet Kisma und das klingt so höflich und kalt, dass ich sie am liebsten schütteln würde.

»Ich wünsche dir alles Gute«, fügt sie noch hinzu.

Diese Floskel macht mich wütend. »Was ist los?«, zische ich. »Was habe ich dir bloß getan?«

»Nichts«, erwidert Kisma. »Du hast mir nichts getan. Keiner hat mir etwas getan.«

»Ich habe gehört, was die Idioten dir andichten. Das werde ich wieder in Ordnung bringen.«

»Da kann man nichts in Ordnung bringen. Und spar dir dein Mitleid«, sagt Kisma und will die Tür schließen.

Schnell schiebe ich eine Krücke in den Türspalt, wobei ich fast erneut das Gleichgewicht verliere.

»Lass mich in Ruhe«, faucht Kisma. »Ich habe genug von all dem Ärger. Seitdem ich mit dir befreundet bin, passiert ständig etwas. Ich bin es einfach leid.«

»Und was ist mit der Mathenachhilfe?«, frage ich.

»Ach, du findest schon jemanden, der dir hilft. Du bist doch überall beliebt.«

»Ja, das habe ich gemerkt, als ich in diesem spannenden Krankenhaus lag. Die Besucher haben Schlange gestanden und sich die Klinke in die Hand gegeben.«

Kisma sieht aus, als ob sie gleich weinen wird.

»Nur kein Mitleid«, sage ich. »Du willst deine Ruhe haben, bitte schön.« Ich hole den

Klemm-Affen aus meiner Hosentasche und drücke ihn ihr in die Hand. Dann ziehe ich die Krücke zurück.

Kisma macht die Tür ganz langsam zu und sieht dabei so einsam und traurig aus, dass jetzt mir die Tränen kommen. Und als ich an die vielen Treppen denke, die ich wieder hinunterhopsen muss, tue ich mir selbst so Leid, dass ich mich auf die oberste Stufe setze und erst einmal richtig heule.

So findet mich Kismas Mutter, als sie von der Arbeit nach Hause kommt.

## Die Versöhnung

Kismas Mutter kocht mir einen warmen Zimt-
kakao. Den soll ich in Ruhe trinken, während
sie ihre Einkäufe auspackt und dann das Ge-
müse für das Mittagessen zu putzen beginnt.

Es ist ein gutes Gefühl hier am Küchentisch
zu sitzen, auch wenn ich mich anfangs sehr
gesträubt habe wieder in die Wohnung zu gehen.

Als ich die Tasse leer getrunken habe, füllt
Kismas Mutter sie mir sofort wieder auf.

»Trink, das ist Seelenpflaster«, sagt sie.

Ein Bein in Gips, eine bepflasterte Seele und

keine Freunde. Mit mir ist wirklich nicht mehr viel los.

»So, nun erzähl mal«, fordert mich Kismas Mutter auf. Sie setzt sich mir gegenüber und liest kleine rote Linsen aus.

»Was soll ich erzählen?«

»Na, was dich so bedrückt, dass du mit deinen Tränen den Flur unter Wasser setzen wolltest. Hmm?«

Kismas Mutter hat warme braune Augen, die einen immer aufzumuntern scheinen. Obwohl ich es gar nicht möchte, erzähle ich ihr alles, was in der letzten Zeit schief gelaufen ist. Und das ist eine ganze Menge.

Als ich bei dem Streit von eben angelangt bin, kommt Kisma in die Küche. Ich stocke.

»Weiter«, sagt Kismas Mutter, drückt Kisma auf einen Stuhl und stellt ihr auch eine Tasse Kakao vor die Nase.

Ich wage nicht zu ihr hinzusehen, erzähle aber leise zu Ende.

»Aha«, kommentiert Kismas Mutter meine Geschichte. Sie legt jedem von uns drei Möhren und ein Schälmesser hin und fragt dann: »Was denkst du denn jetzt darüber, wo du die Sache laut erzählt hast, Katja? Findest du euer Verhalten in Ordnung oder kommt es dir vielleicht ein bisschen lächerlich vor? Also, ich glaube, ihr habt beide Recht und Unrecht zugleich.«

Kisma schält ganz langsam ihre erste Möhre und sagt keinen Ton. Ich halte auch den Mund.

»Wer verletzt ist, zieht sich zurück und verletzt dadurch wieder andere. Wenn so etwas nicht aus der Welt geschafft wird, wächst es zu einer riesengroßen Mauer heran. Und über die hinüberzuspringen ist dann nicht mehr so einfach.«

Kismas Mutter wartet ein Weilchen. Von uns kommt kein Muckser.

»Na, ich will euch keine große Predigt halten. Ich gehe mal eben zu Frau Elmer hinüber und leihe mir Suppenwürze aus.«

Bis auf die Schabegeräusche des Möhrenschälens ist es ganz still in der Küche. Als ich mit meiner dritten Möhre fast fertig bin, sehe ich verstohlen zu Kisma hinüber und erwische sie dabei, wie sie dasselbe tut.

Plötzlich müssen wir beide grinsen und beginnen gleichzeitig zu reden.

»Tut mir Leid, ich...«

Dann prusten wir los.

»Du zuerst«, sagt Kisma.

»Nein, du«, entgegne ich.

»Okay, streiten wir uns darüber, wer sich zuerst entschuldigen darf«, sagt Kisma lächelnd und steht auf. »Komm!«

Sie zieht mich aus der Küche. Dabei fällt mein Blick in eine halb offene Schublade mit Gewürzen, Puddingpulver und solchen Sachen. Ganz vorne prangen groß und breit drei Päckchen Suppenwürze.

Also wollte Kismas Mutter uns nur Gelegenheit geben ungestört miteinander zu reden.

»Du hast eine tolle Mutter«, sage ich zu Kisma.

»Ich weiß«, antwortet sie und schiebt mich in ihr Zimmer.

Als wir uns ausgesprochen und wieder versöhnt haben, bitte ich Kisma, dass ich die Sache mit dem Mountainbike klären darf.

»Wenn ich ihnen von deinem Schwur erzähle, wird doch alles in Ordnung kommen«, sage ich.

Kisma schüttelt den Kopf. »Außer Munira

und dir weiß niemand etwas davon und das soll auch so bleiben. Ich hasse Mitleid.«

Das finde ich zwar etwas übertrieben, aber wenn sie es so haben will, muss ich mir eben etwas anderes einfallen lassen.

»Ich gehe jetzt besser nach Hause, sonst schickt Oma noch einen Suchtrupp los. Immerhin bin ich eine schonungsbedürftige Patientin.«

Mit Kismas Hilfe schaffe ich unbeschadet die vielen Treppen hinunter.

»Bestell deiner Mutter ein dickes Dankeschön«, bitte ich Kisma.

»Mach ich«, sagt sie. »Dann bis morgen.«

Ich nicke und wedele zum Gruß mit einer Krücke.

## Die Wiedergutmachung

»Hallo, Katja«, begrüßt mich Jochen am nächsten Morgen in der Schule. »Schön, dass du wieder da bist. Mir haben deine witzigen Bemerkungen in Geschichte richtig gefehlt.«

»Na, wieder unterwegs?« Frau Werner lächelt mich an und nickt dann Jochen zu, bevor sie weitergeht.

»Mist, sie hat es bestimmt gehört«, sagt Jochen.

»Möglich«, erwidere ich etwas zerstreut. Einige Leute können mich also immer noch gut leiden, stelle ich fest.

In der ersten Stunde sitzen Carola und ich stumm nebeneinander. Doch kurz vor der Pause schiebt sie mir ein Briefchen zu, in dem sie sich für die lange Funkstille zwischen uns entschuldigt.

»Daran bin ich genauso schuld«, flüstere ich ihr zu.

Zum Glück schellt es und wir können uns richtig unterhalten. Fünf Minuten sind zwar nicht lang, aber für eine Versöhnung reichen sie aus.

»Warum bist du dir denn so vollkommen sicher, dass Kisma das Rad nicht mitgenommen hat?«, will Carola wissen.

»Das darf ich nicht verraten«, sage ich. »Aber stell dir einmal vor, dein Bruder wäre bei einem Bootsunglück gestorben. Hättest du dann noch große Lust ein Boot auch nur anzufassen?«

»Wahrscheinlich nicht«, meint Carola.

»Und wenn du an jemandem Rache nehmen wolltest, würdest du dann ausgerechnet sein Boot klauen, wo du dich nicht einmal hineinsetzen magst?«

»Nein, ich würde mir etwas anderes ausden-

ken«, sagt Carola und dann begreift sie. »O
weh, willst du etwa sagen, dass Kisma aus so
einem Grund das Rad mit Sicherheit nicht an-
gerührt hat?«

»Ich habe nichts gesagt«, rufe ich aus und
denke an mein Versprechen.

»Schon kapiert«, beschwichtigt mich Carola.
»Ich hätte von selbst darauf kommen müssen,
dass Kismas Verhalten auch andere Gründe
haben kann. Als sie Britta und mir die Tür vor
der Nase zugeknallt hat, habe ich ihren Blick
als schlechtes Gewissen gedeutet. Dabei war
es wohl nur Trauer.«

»Jeder macht Fehler«, tröste ich Carola und
drücke ihr die Hand.

»Ja, aber ich will es wieder gutmachen.«

In der großen Pause gehen wir beide von einem Fliegenden Radler zum anderen und erklären, warum Kisma nicht der Dieb sein
kann. Bei Thomas zögere ich ein bisschen,
aber Carola schiebt mich vorwärts.

»Thomas«, fängt sie an. »Stell dir vor, deine
Schwester wäre auf einem Jahrmarkt vom
Riesenrad abgestürzt. Würdest du dann noch
gerne auf so einem Rad fahren?«

»Was soll die blöde Frage?«, blockt Thomas ab. »Erstens habe ich keine Schwester und zweitens will ich auch keine haben. Außerdem kann ich Jahrmärkte nicht leiden.«

»Komm, mach es mir nicht so schwer«, bittet Carola. »Ich will dir doch nur etwas erklären.«

»Was magst du am meisten und welche Person hast du am liebsten?«, werfe ich ein.

»Soll das ein Quiz werden?«, entgegnet Thomas.

»Quatsch«, sage ich. »Dann stell dir eben vor, dass dein Opa bei einem Flugzeugabsturz ums Leben gekommen ist. Danach würdest du doch sicher lieber mit dem Auto oder Bus in Urlaub fahren.«

»Ich habe meinen Opa gar nicht gekannt und soweit ich weiß, hat er sich zu Tode geraucht«, sagt Thomas und dreht sich um.

»He, warte!« Carola hält ihn am Ärmel fest.

»Willst du auch noch wissen, wie meine Oma gestorben ist?«, fragt Thomas spöttisch. »Ich verrate es dir, im Bett. Und trotzdem lege ich mich jeden Abend in eines hinein und nicht in eine Hängematte. Da staunst du, was?«

Carola lässt ihn los und zischt: »Idiot! Das hätten wir uns ja denken können, dass man mit dir nicht vernünftig reden kann.«

»Was versprecht ihr euch denn eigentlich von dieser Ausfragerei?«, ertönt plötzlich Muniras Stimme hinter uns.

»O Schimmelkäse!«, entfährt es mir und ich werde knallrot. Warum habe ich nicht gesehen, dass Munira und Kisma die ganze Zeit hinter uns gestanden haben?

»Wir versuchen den Radlern klar zu machen, dass Kisma kein Interesse an Mountainbikes hat und daher das von Thomas nicht genommen haben kann«, erklärt Carola.

»Auch wenn sie Interesse daran hätte, würde sie niemals eines stehlen«, sagt Munira. »Wem das nicht klar ist, der hat auch keine Erklärungen verdient. Komm, Kisma!«

»Nein, warte«, hält Kisma sie zurück. »Die beiden haben es gut gemeint, auch wenn Katja etwas zu locker mit Geheimnissen umgeht.«

»Ich habe es nicht verraten«, verteidige ich mich.

»Das hat man gemerkt«, spottet Kisma, wobei sie aber irgendwie erleichtert wirkt.

Ich werte das als Zustimmung und knöpfe mir zuletzt noch Britta vor.

»Oh, das tut mir Leid«, sagt sie, als ich ihr die Sache klar gemacht habe. »Natürlich hat Kisma das Rad dann nicht mitgenommen. Und ich kann sie gut verstehen. Wir haben einmal Urlaub an der See gemacht und da ist ein Mann ertrunken. Es hat zwei Jahre gedauert, bis ich mich wieder ins Wasser getraut habe.«

Dann sprintet sie los und ich sehe, wie sie mit einem Radler nach dem anderen redet.

Im Klassenzimmer geht Britta vor aller Augen auf Kisma zu, reicht ihr die Hand und entschuldigt sich im Namen der Fliegenden Radler. Und als sie Thomas auffordernd ansieht, brummelt der tatsächlich ein »Okay, tut mir Leid« vor sich hin.

Am Nachmittag kommt Kisma wegen der Mathenachhilfe zu uns um mir die Treppen zu ersparen. Feierlich überreicht sie mir ein Paket Mozartkugeln.

»Die wollte ich dir ins Krankenhaus bringen, bei dem ersten Besuch, als ich nicht mitgekommen bin«, erklärt sie.

»Ich weiß, danke schön«, erwidere ich und

öffne die Packung sofort. »Erst das Vergnügen, dann die Arbeit«, zitiere ich Kisma und stecke ihr eine Kugel in den Mund.

Nach einer Weile unterbricht Kisma unsere gefräßige Stille. »Ich muss immer daran denken, was Thomas gesagt hat.«

»Dass es ihm Leid tut?«

»Nein, das mit seiner Oma. Dass sie im Bett gestorben ist und er trotzdem noch in einem Bett schläft. Irgendwie hat er damit Recht.«

»Hm«, mache ich und biete ihr eine weitere Mozartkugel an.

Der Autor

Ghazi Abdel-Qadir, 1948 in Palästina geboren, musste als 16-jähriger die Schule abbrechen, um zum Familienunterhalt beizutragen. Er arbeitete in Kuwait als Hotelboy, Bauchladenverkäufer, Briefeschreiber vor der Post und Kellner, dann wurde er Restaurantbesitzer. Später holte er in Jordanien das Abitur nach und studierte in Bonn und Siegen u. a. Germanistik, Anglistik, Evangelische Theologie und Islamwissenschaft. Er war als Übersetzer, Lehrbeauftragter und Privatdozent tätig. Seit 1988 lebt er als freier Schriftsteller bei Siegen. Für seine Kinder- und Jugendbücher erhielt er namhafte Preise, u. a. den Friedrich-Gerstäcker-Preis, den Zürcher Kinderbuchpreis »La vache qui lit« und den Österreichischen Kinderbuchpreis. Zwei seiner Bücher kamen auf die Auswahlliste zum Deutschen Jugendliteraturpreis.
Für »Spatzenmilch und Teufelsdreck«, sein erstes Buch im Erika Klopp Verlag, erhielt Ghazi Abdel-Qadir 1993 den Literaturpreis der Stadt Boppard. Nach »Das Blechkamel« ist »Mountainbike & Mozartkugeln« sein drittes Buch im Erika Klopp Verlag.

Die Illustratorin

Charlotte Panowsky studierte an der Fachhochschule für Gestaltung in München und arbeitet seit 1980 als freischaffende Illustratorin. Sie hat zahlreiche Kinder- und Jugendbücher illustriert. Ihre Arbeiten wurden bereits mehrfach in Ausstellungen gezeigt.

# Ghazi Abdel-Qadir

## Spatzenmilch und Teufelsdreck

Fatima und Michael sind
Stiefgeschwister. Als Opa
Tanturi aus Jordanien zu
Besuch kommt, wird es
turbulent in der multi-
kulturellen Familie.
Illustriert

## Das Blechkamel

Samira hat noch nie ein
Kamel gesehen. Nur ihre
Großmutter weiß noch,
wie es früher in ihrem Dorf
war – bevor die Blech-
kamele kamen...
Illustriert

Erika Klopp Verlag
Hohenzollernstraße 86 · D-80796 München

Erika Klopp Verlag